Begegnung mit Dir

Ein Exerzitienbuch

Katharina Klara Schridde

Begegnung mit Dir

Ein Exerzitienbuch

PATTLOCH

Bibliografische Information: Deutsche Nationalbibliothek
Die Deutsche Nationalbibliothek verzeichnet diese Publikation in der Deutschen Nationalbibliografie; detaillierte bibliografische Daten sind im Internet über http://dnb.d-nb.de abrufbar.

Umschlaggestaltung: ZERO Werbeagentur, München
Umschlagabbildung und Kapitelvignetten: © Irene Dilling,
Abdruck mit freundlicher Genehmigung
der Communität Casteller Ring.
Lektorat: Jürgen Bolz
Satz und Gestaltung: Hartmut Czauderna
Druck und Bindung: CPI – Ebner & Spiegel, Ulm
Printed in Germany

ISBN 978-3-629-02221-9

Bitte besuchen Sie uns im Internet:
www.pattloch.de

2 4 5 3 1

INHALT

ZUM WEITERLESEN

Exerzitien

Alphonso, Herbert: Die persönliche Berufung. Vier-Türme-Verlag 2002

Jalicz, Franz: Kontemplative Exerzitien. Eine Einführung in die kontemplative Lebenshaltung und in das Jesusgebet. Echter-Verlag 1994

Imhof, Paul: Grundkurs ignatianischer Spiritualität (Band I–III). EOS-Verlag St. Ottilien 1992

Johne, Karin: Kreuz als Erlösung. Ein Briefkurs des Glaubens. Verlag Styria 1993

Mirow-Strack, Annelene: Verführt von Gottes Schönheit. Ein Exerzitienbuch für Frauen. Kösel-Verlag 2008

Schridde, Katharina: Leben in Fülle. Ein spiritueller Begleiter durch die Fastenzeit. Gütersloher Verlagshaus 2006

Schridde Katharina: Den mütterlichen Gott suchen. Ein Leitfaden für die geistliche Begleitung. Vier-Türme-Verlag 2008

Ignatius von Loyola

Ignatius von Loyola: Geistliche Übungen. Nach dem spanischen Autograph übersetzt von Peter Knauer SJ. Echter-Verlag 2008

Kiechle, Stefan: Ignatius von Loyola. Mystiker und Manager. Herder 2001
Knauer, Peter: Hinführung zu Ignatius von Loyola. Herder 2006

Umgang mit Trauer

Jorgos Canacakis: Ich sehe Deine Tränen. Trauern, Klagen, Leben können. Kreuz 1987

Schließlich kann es eine Rolle spielen, ob ich mir einen Mann oder eine Frau als Begleitung suche – zumindest lohnt es sich, sich selbst die Frage danach vorzulegen und auf das eigene Herz zu hören. Letztlich entscheidet aber auch hier die oben beschriebene Sympathie.

Wichtig ist in jedem Fall, dass Sie sich und Ihren Weg ernst genug nehmen, um sich eine solche Begleitung zu gönnen. Es ist im Sinne der gelebten Spiritualität und erst recht im Sinne der eigenen Menschwerdung gar nichts Ungewöhnliches, sondern einfach das ganz Normale. Wir haben es vielleicht nur ein wenig vergessen in der Zwischenzeit. Grund genug, genau jetzt an diese gute Tradition wieder anzuknüpfen, denn es ist nun einmal nicht gut, »dass der Mensch allein sei«.

DIE ERSTE WOCHE:
DIE SCHÖPFUNG

VORWORT

Geh.
Zieh hinweg aus deiner Heimat,
aus deiner Verwandtschaft und
aus deinem Vaterhaus in ein Land,
das ich dir zeigen werde!
So sagt der Ewige zu Abraham
im ersten Buch der Bibel.

Komm heraus aus deiner Burg.
Komm heraus aus deinen Gewohnheiten,
aus den scheinbaren und aus den wirklichen
Sachzwängen, aus den Vermeidungen,
Ängsten und Bequemlichkeiten,
sogar aus deinen Hoffnungen,
wenn sie nur Hoffnungen sind,
die nicht nach Verwirklichung drängen.
Komm heraus.

Und geh in ein Land,
das ich dir zeigen will.
In eine Wirklichkeit,
die längst in dein Leben eingewoben,
eingesenkt, hineinverheißen ist.
Geh in den Gedanken,
den der allerschaffende Gott von dir hatte,
als Er dich erschuf in einem Atemzug.

Geh und werde, wie du bist.

Der Begriff Exerzitien leitet sich ab vom Lateinischen *ex arce*, das heißt: »aus der Burg heraus«.

Exerzitien beschreiben einen Weg, der sich zunächst und vor allem im Inneren des eigenen Herzens und des eigenen Verstandes anbahnt und in der Tat herausführen will – aus allem, was das Leben einengt, beschneidet, klein macht. Exerzitien wollen herausführen aus dem kleinen »Ich« und hinein in eine Liebe, die Ewigkeit atmet.

In den Jahrtausenden, in denen Menschen dieser Liebe begegnet sind, haben sie gelernt, diese Liebe mit Namen anzusprechen und der Erfahrung zu glauben, dass sie weit über unser Verstehen hinaus handelndes, fühlendes, ewiges Wesen ist – und nennen diese Liebe bis heute Gott.

Und sie haben verstanden, dass diese Liebe Mensch wird, sich in Ort und Zeit hineinleibt und so als Mensch unter Menschen lebt. Christen und Christinnen nennen diesen Gottmenschen mit dem Namen, den er in den Tagen seines irdischen Lebens trug, Jesus von Nazareth – der von und mit Gott Gesalbte, der Christus.

Der Exerzitienweg verbindet das Leben Jesu mit unserem eigenen Leben hier und heute – die Grundthemen menschlichen Lebens kehren wieder, werden angesprochen, erfüllt mit Gottesgegenwart aus der Heiligen Schrift, in Seine Ewigkeit hinein geweitet – damit wir dann, wenn es geschenkt wird, weitergehen können als die von Gott Geliebten.

Exerzitien erleben seit einiger Zeit eine bemerkenswerte Renaissance. Ignatianische Exerzitien, Exerzitien im Alltag, Filmexerzitien, Wander- und Reitexerzitien, Exerzitien für Zielgruppen, Exerzitien in konfessioneller Differenzierung und viele andere Kombinationen finden sich in den Angeboten kirchlicher und nichtkirchlicher Bildungshäuser und in den Jahresprogrammen von Klöstern und Gemeinden.

In der Tat – ein Exerzitienweg kann letztlich überall und mit unterschiedlichsten Medien gegangen werden, sonst wäre es kein biblischer Weg. Nichts, was es in der Bibel nicht gibt, kaum etwas, was es im menschlichen Leben nicht gibt – und Gott findet überall einen Platz, solange das eigene Herz noch nach Ihm fragt.

Auch in evangelischen Kreisen werden Exerzitien wiederentdeckt. Im Gefolge des Megatrends »Spiritualität« sind sie zu leiser Wiedererweckung und Auferstehung auch in jenen Kreisen gelangt, die sonst jeder Form einer geistlichen Praxis eher zögernd begegnen – zu tief saß die Angst vor einer wie auch immer verborgenen »Werkgerechtigkeit«, die der allein selig machenden Gnade Gottes etwas zusetzen und sie eben dadurch in ihrer Wirkkraft anzweifeln wollte.

Nach fast fünfhundertjähriger Wirkungsgeschichte dieser reformatorischen Vorsicht setzt sich heute mehr und mehr die Erinnerung und Erfahrung durch, dass diese Gnade Gottes einen Raum im eigenen Herzen und in der eigenen Alltagswirklichkeit braucht, einen Raum, in den sie sich ergießen und wirkend entfalten kann.

Biblisch findet diese Bewegung ihre eindrückliche Darstellung unter anderem in zwei zentralen Evangelientexten: Es ist erstens die Antwort der Maria »Mir geschehe, wie du gesagt hast«, mit der sie ihre Einwilligung in die Menschwerdung Gottes in ihrem eigenen Leib zustimmt – nicht, ohne vorher sehr mündig sich nach dem »Wie« erkundigt zu haben (Lk 1,26–38).

Die Bereitung, Einwilligung, Menschwerdung Gottes geschieht nicht an der denkenden und handelnden Vernunft des Menschen vorbei, sondern in Übereinstimmung mit ihr. In gleicher Weise stimmt der Sohn Gottes, Jesus Christus, seiner Mitwirkung an der Erlösungstat Gottes zu, indem er ruft: »Herr, dein Wille geschehe« – und wiederum nicht, ohne zuvor gefragt, gerungen, auch erlitten zu haben, was seiner Menschennatur zunächst unzugänglich, ja unzumutbar erschien (Mt 26,36–46).

In biblisch kurzen Dialogen vollziehen sich höchst verdichtet Klärungs-, ja »Werdungswege«, die sich in ganz ähnlichen Grundmustern in jedem menschlichen Leben vollziehen, sobald sich ein Mensch der gestaltenden Kraft Gottes anvertraut. Die Wirkung allerdings ist und bleibt Gnade und freies Geschenk des souveränen Gottes.

Immer häufiger bitten Frauen und Männer unterschiedlichsten Alters, unterschiedlicher Bildung und sozialer und religiöser Herkunft um Begleitung auf den eigenen Menschwerdungswegen. Häufig anlässlich einer konkreten Lebenskrise oder einer bevorstehenden Entscheidung, oft aber auch einer nicht näher beschriebenen Unruhe folgend: Eigentlich fehlt nichts, und doch kann »es« nicht so bleiben. Ein Exerzitienweg, also ein gemeinsam gestalteter Übungsweg, kann helfen, sich selbst klarer zu positionieren im gegenwärtigen Lebensvollzug, der eigenen Sehnsucht Namen und Form zu geben und nach dem Willen Gottes zu suchen, der sich in die weitere Lebensplanung hineingestalten möge.

Solch einen Exerzitienweg schriftlich und wie hier mit Hilfe eines Buches nachzuvollziehen kann einen Einstieg in einen eigenen Weg bedeuten und helfen, eine Scheu zu überwinden, die nicht selten die Kontaktaufnahme mit einem Exerzitienleiter oder einer Exerzitienleiterin zunächst erschwert. Er kann auch eine Vergewisserung sein, dass Fragen und Unsicherheiten, die sich auf solch einem Weg einstellen, nicht ungewöhnlich sind, sondern oft zu einem bestimmten Wegabschnitt kennzeichnend dazugehören. Er kann schließlich zumindest vorübergehend Zeiten überbrücken, in denen ein geistlicher Begleiter oder eine Begleiterin noch nicht oder nicht mehr verfügbar ist.

Grundsätzlich aber kann ein schriftlicher Exerzitienweg den persönlichen Kontakt zu anderen Menschen nicht ersetzen. Wenn er eine Hilfe zur Kontaktaufnahme und eine Brücke zum nächsten Schritt auf dem eigenen Lebensweg sein kann, ist es genug.

Die vorliegende Wegbeschreibung versucht, nach einer Darstellung des Grundanliegens und der Geschichte der Exerzitien, die einzelnen klassischen Schritte, wie sie in den großen vierwöchigen Exerzitien des Ignatius von Loyola vorgesehen sind, nachvollziehbar zu machen – anhand von Bibeltexten, denen eine Meditation, Anregungen für die eigene spirituelle Praxis und weiterführende persönliche Fragen angeschlossen werden. Weitere Fragen und Probleme, die von vielen »Wegsuchenden« häufig gestellt werden, werden schließlich exemplarisch beantwortet.

Eine Literaturliste schließt den gemeinsamen Weg ab und ermutigt – hoffentlich – für den nächsten Schritt auf dem eigenen Weg.

BIBLISCHE TEXTE
ALS WEGWEISUNG
FÜR DAS EIGENE LEBEN

Im Anfang war der Logos –
das Wort,
und das Wort war bei Gott,
und Gott war das Wort.
Dieses war im Anfang bei Gott.
Alles ist durch dieses geworden,
und ohne es wurde auch nicht eines von dem,
was geworden.
In Ihm war das Leben,
und das Leben war das Licht der Menschen.
Das Licht leuchtet in der Finsternis,
und die Finsternis hat es nicht ergriffen.
(...)
Und das Wort wurde Fleisch
und wohnte unter uns
und wir schauten seine Herrlichkeit,
eine Herrlichkeit als des Eingeborenen vom Vater,
voll Gnade und Wahrheit.

Mit diesen Worten beginnt das Evangelium des Johannes, einer der vier Evangelisten des Neuen Testaments. In unvergleichlicher Dichte wird hier nicht nur zusammengefasst, was das Wesen und die Mitte des christlichen Glaubens ist, sondern auch angedeutet, dass die Texte der Bibel bis heute Beschreibungen, Deutungen und Kraftquellen unseres gegenwärtigen Lebens sein können – unabhängig davon, ob dieses Leben sich nun gerade kraftvoll, bunt und schön oder eher mühsam, farblos und unfroh anfühlt.

Der Schlüssel liegt in dem griechischen Wort *Logos*, das die meisten Übersetzer einfach mit *Wort* wiedergeben. Das ist zwar richtig, aber nicht genug. *Logos* bedeutet eben nicht nur *Wort* im Sinne einer kleinen grammatikalischen Einheit eines Satzes, sondern es bedeutet genauso *Sinn* oder *Geist*, auch *Verstand* und sogar *Herz*.

Wenn man eine Ahnung bekommen will, wie schwer der Begriff *Logos* in unsere deutsche Sprache zu übersetzen ist, sollte man den hochgelehrten Doktor Johann Faust in seiner Schreibstube besuchen, der sich unter Goethes Anleitung sehr eifrig und kreativ mit der Übersetzung dieses *Logos* abmüht. Sogar als *Tat* versucht er es zu übersetzen (»Im Anfang war die Tat«)

und verweist damit auf ein weiteres wichtiges Element. Denn *Logos* ist nicht nur Möglichkeit, sondern zugleich Ereignis. Es meint von allem, was geschieht, die *wesentliche Essenz*, das *verdichtete Gemeinte*, das, was in allem Reden, Tun, Schweigen, Leben das *Wesentliche*, das *ursprünglich und letztgültig Gemeinte* ist.

Im Anfang spricht Gott »das Wesentliche« aus:

> *Im Anfang schuf Gott den Himmel und die Erde.*
> *Die Erde war wüst und leer, Finsternis lag über der Urflut, und der Geist Gottes schwebte über den Wassern.*
> *Da sprach Gott: »Es werde Licht!«, und es ward Licht.*
> *(...) Dann sprach Gott: »Es entstehe ein festes Gewölbe inmitten der Wasser, und es bilde eine Scheidewand zwischen den Wassern!« (...) Sodann sprach Gott:*
> *»Es werde das Wasser unterhalb des Himmels an einen Ort gesammelt, und das Trockene werde sichtbar!« (...)*
> *Da sprach Gott: »Die Erde lasse Grünes hervorsprießen ... es sollen Leuchten werden am Gewölbe des Himmels ... Es sollen wimmeln die Gewässer von Lebewesen ... die Erde bringe lebende Wesen nach ihrer Art hervor ...«*
> *Dann sprach Gott: »Lasst uns Menschen machen nach unserem Abbild, uns ähnlich ...«*

So erzählt der erste Schöpfungsbericht im ersten Buch Mose, dass alles Geschaffene aus dem gesprochenen Wort Gottes entsteht.

Selbstverständlich wissen wir heute, wie sich aus naturwissenschaftlicher Sicht die Entstehung der Elemente und die Evolution des Lebendigen über Jahrmillionen vollzog, und sind weit von einem biblizistischen oder gar kreationistischen Weltbild entfernt. Vermutlich wussten auch die Verfasser dieser Schriften wesentlich mehr über das Zusammenwirken der natürlichen und der spirituellen Kräfte, als diese hochpoetisch verdichteten Verse erahnen lassen.

Aber die Beschreibung dieses Schöpfungsprozesses als das Aussprechen des göttlichen Wortes durch den Allerschaffenden selbst, das dann das Wachsen und Werden bewirkt, ist ein Hinweis, den wir ernst nehmen wollen. Das Wort, die Sprache, das Benennen von Dingen und Handlungen bzw. ihr Verschweigen hat in der Tat erschaffende oder zerstörende Kraft – wir wissen das inzwischen nicht nur aus Theologie, Liturgie und Spiritualität, sondern auch aus der Psychologie und der Politik.

Gewiss ist uns mit dem anvertrauten Wort und der Macht, mit Sprache umzugehen, eine gestaltende Möglichkeit gegeben, deren Bedeutung wir vielleicht oft erst wiederentdecken müssen, jedenfalls nicht unterschätzen sollten.

Gott also spricht sein Wort – und spricht es hinein in alles, was lebt, bis zu diesem Augenblick. Das Wesentliche ist das, was jedes Leben erst mit Herz, Sinn, Geist, Verstand und dann auch Sprache erfüllt. Und so wie der Eine wesentliche Gott stets derselbe ist, der doch zu jeder Zeit und von jedem Menschen neu erfahren und neu angesprochen wird, so bleibt auch der Logos nicht einfach gleich: Gründend im Bleibenden, wandelt er sich und verwandelt sich hinein in jede

Epoche, jede Tradition, jedes Leben – in jedes Herz, das nach ihm fragt.

Der *Logos*, das *Wort* wird Fleisch, wird Leben, wird Erfahrung und Ereignis.

Wenn man also ahnt, wie weitgefasst dieses *Logos-Wort* zu verstehen ist und wie sehr es zugleich in die Herzmitte des Lebens führt, wird man kaum der Gefahr eines einfach nur wortwörtlichen und nur konservierenden Verständnisses des biblischen Textes erliegen – denn das Wort und der Text lebt, und er lebt heute. Das, was wir da schwarz auf weiß lesen können, ist immer nur eine Abschattung oder, dem Inhalt eher entsprechend, tatsächlich im wörtlichen Sinne eine Ab*licht*ung des eigentlich ursprünglich Gemeinten, hineingewoben in die bunte Fülle der Jahrtausende, hineingesprochen und dadurch neu akzentuiert in viele Übersetzungen und immer wieder neu verstanden und eben auch missverstanden in unzählbaren Neuinterpretationen. Eben das ist ja die Aufgabe von Gottes Wort, dass es sich einkleide in die Sprache und Bedingtheiten der jeweiligen Zeit, dass es brauchbar werde für die, die es heute hören.

Dietrich Bonhoeffer sprach von der Erniedrigung Gottes auch in unsere Sprache hinein. Mag sein, dass Er, der Himmel und Erde und auch unseren Verstand erschaffen hat, uns diesen Verstand öffnen könnte für den ganz eigentlichen und absoluten Sinn seines Wortes. Bisher aber hat Er es nicht getan, die Übersetzungs- und Verstehensmöglichkeiten sind bis heute unendlich. Also scheint genau dieses Sein Wille zu sein: Dass wir inmitten der Fülle und Vielfalt Zugang haben zu dem, der sich je und je neu zu erkennen gibt in dem, was wir heute lesen, hören und verstehen können.

So erhält das biblische Wort seine eigentliche Lebendigkeit durch seine Erfüllung mit und in unserem gegenwärtigen Leben. Und umgekehrt: Unser Leben, das ganz alltäglich geglückte ebenso wie das alltäglich gescheiterte, erhält plötzlich eine bisher ungeahnte Dimension an Tiefe und Weite – zunächst in die Vergangenheit hinein, aus der uns dieses Wort überliefert wird, dann aber und vor allem, eingewoben in das Zeitmaß Gottes, weist es über den Augenblick hinaus in die Zukunft hinein. Und kann von dort zur verdichteten Gegenwart werden, in der sich biblischer Text und Lebenstext ineinander verweben und zu einem ganz neuen Lebensmuster werden. Das Wort ward Fleisch.

Zu einer bestimmten Zeit wird es sichtbar und fassbar in Zeit und Raum.

In jenen Tagen geschah es, dass vom Kaiser Augustus ein Befehl ausging, dass der gesamte Erdkreis aufgezeichnet werde. Diese erste Aufzeichnung geschah, als Quirinius Statthalter von Syrien war. Alle gingen hin, sich eintragen zu lassen, ein jeder in seine Stadt.
Auch Joseph zog von Galiläa, aus der Stadt Nazareth, hinauf nach Judäa in die Stadt Davids, die Bethlehem heißt – weil er aus dem Hause und Geschlechte Davids war –, um sich eintragen zu lassen zusammen mit Maria, seiner Verlobten, die gesegneten Leibes war.
Während sie dort waren, geschah es, dass sich die Tage erfüllten, da sie gebären sollte, und sie gebar ihren erst-

geborenen Sohn, hüllte ihn in Windeln und legte ihn in eine Krippe, weil nicht genug Platz war für sie in der Herberge. (Lk 2, 1–7)

Das Wort wurde Leben, Gestalt, Mensch und Name, wurde geboren in Enge und Begrenzung und wurde so sehr Mensch, dass Krippe und Windeln als seine ersten Attribute genannt werden. In der christlichen Tradition wird die Geburt des Wortes in Menschengestalt zunächst und vor allem mit Jesus Christus, Sohn der Maria und späterhin jüdischer Rabbi aus Nazareth, in Verbindung gebracht.

Er war so erfüllt von Gott, so sehr zur Person verdichtetes Wort Gottes, dass ihm der Titel Gottessohn, Menschensohn, Gesalbter zuerkannt wurde. Nach seinem Tod und seiner Auferstehung wurde umso deutlicher, dass dieser »Gottselbige« als Wort und im Wort Gottes weiterlebte – in Seinem Geist, Seiner Gemeinde, in den Schriften, die von ihm zeugen.

Das ist aber nicht alles.

Es würde aus der Person Jesus und aus der in ihm geschehenen Verdichtung des Wortes Gottes nur eine historische Attraktion machen, wenn sich dieser Vorgang nicht immer und immer wieder von neuem ereignen würde. Jesus, der Christus wäre ein Heiliger der Vergangenheit. Das aber wäre zu wenig. Er ist auch der Lebendige, dessen Gegenwart sich in jedem Wort Gottes inkarniert, das auf ein offenes Herz trifft und dort Wohnung nimmt.

Das Wort ward Fleisch – und es wird Fleisch, Atem, Leben.

Sicher nicht mehr so überwältigend eindeutig, nicht so gänzlich unverstellt wie in ihm geschehen, sondern immer mehr oder weniger verborgen und verhüllt durch eine Fülle von anderen Kräften und Bedingtheiten und unseren natürlichen und menschlichen Begrenztheiten – aber doch. Immer wieder gestaltet sich dieser Logos Gottes, dieser Lebenswesentliche, hinein in unser menschliches Leben, gibt unseren Wegen und Irrwegen immer wieder Mitte, Richtung und Ziel und lässt die Sehnsucht im eigenen Herzen immer wieder aufflammen – gerade dann, wenn sie von der Asche verbrannter Hoffnungen oder dem Sperrmüll überflüssiger Sorgen und Zweifel erstickt zu werden droht.

»Wär' Christus tausendmal zu Bethlehem geboren und nicht in Dir, Du wärst auf immer verloren.« So sagt es der christliche Mystiker Angelus Silesius.

Dabei ist es ganz unwichtig, ob ich mich bewusst im christlichen Sprachgebrauch, im christlichen Glaubenshorizont oder im christlichen Deutungsrahmen beheimatet fühle oder nicht.

Diese einfache Wahrheit, dass das Wesen Gottes sich je und je in das Leben eines Menschen hineinspricht, sich hineingestaltet und als solches dort erkennbar ist, geschieht unabhängig von Vokabular und Bekenntnis. Es geschieht einfach, weil Er selbst, dieser Urwesentliche, das Leben ist. Die Beschreibungen dieser unanfänglichen und wesentlichen Wirkkraft Gottes sind der zweite Schritt. Und ein dritter ist es dann, nachzuschauen, ob ich, an einem bestimmten Punkt meines Lebens angekommen, aus den schon vorliegenden und in Jahrhunderten gesammelten Lebensbeschreibungen der Heiligen Schrift einen Hinweis bekomme, der auch für den nächsten Schritt in meinem Leben hilfreich sein könnte.

Es ist nicht zuerst eine Frage des Glaubens, des bedingungslos und vor allem gedankenlos »Für-wahr-halten-Müssens«, ob ich aus den biblischen Schriften einen Gewinn ziehen kann oder nicht. Es ist eine Frage der Erfahrung und der Praxis: Ich lese einen Text, vergleiche ihn mit den Ereignissen meines Lebens, finde überraschende Parallelen, manchmal eine Frage, die mich trifft, oder auch ein Ärgernis, das mich aus meinen vertrauten Denkmustern zieht – und es beginnt ein Dialog zwischen dem Text meines Lebens und dem Text der Schrift. Und zwar heute, mitten im Hier und Jetzt. Ein Text, der sich mir nicht im Hier und Jetzt öffnet, ist vielleicht jetzt nicht für mich gedacht. Stattdessen wartet vielleicht ein anderer, einige Seiten weiter.

Aber das *Wort*, der *Logos*, spricht heute – zu jedem Menschen, der sich ihm öffnet und das eigene Leben in diesen Text hineinhält.

Und manchmal, leise oder laut, geschieht es, dass nicht ich den Text lese, sondern spüre, dass der Text anfängt, mich zu lesen.

Das ist dann eine gegenwärtige Beziehung, durchlebt von dem Lebendigen, der stets aufs Neue sein uranfängliches Wort zu uns spricht.

Das Wort wird Fleisch und wird Leben. Jetzt.

DAS EXERZITIENBUCH
DES
IGNATIUS VON LOYOLA

Das Leben des spanischen Adligen Íñigo López Oñaz y Loyola liest sich wie ein Abenteuerroman – und ist als solches ein wunderschönes Beispiel für die Möglichkeiten verwandelnder Kraft und die überraschenden Möglichkeiten der Gnade Gottes.

Íñigo – oder Ignatius, wie er dann später dem lateinischen Sprachgebrauch entsprechend genannt wurde – wurde am 31. Mai 1491 auf Schloss Loyola in der Nähe des baskischen Azpeitia geboren.

Er war der jüngste Sohn seiner adligen Eltern. Als sein Vater 1507 starb, wurde Íñigo sechzehnjährig Page bei einem anderen Adligen. Als auch dieser zehn Jahre später starb, schloss sich Íñigo dem Militär an und diente unter dem Vizekönig von Navarra. Bis dahin wusste man von dem baskischen Adligen vor allem, dass er durch seinen Mut beim Glücksspiel, in handgreiflichen Auseinandersetzungen und durch vielfältige Frauenbeziehungen auffiel. Dann aber wurde der junge Soldat 1521 bei der Verteidigung Pamplonas schwer am Bein verletzt, so dass er für Monate ans Bett gefesselt war. Nachdem er auf seinem Krankenlager, das sich für ihn unerträglich lang hinzog, alle gängigen Ritterromane ausgelesen hatte und nach weiterer Literatur verlangte, brachte man ihm theologische Literatur –

und Íñigo begann plötzlich, sein Leben zu überdenken und in das Licht Gottes zu stellen. Schließlich legte er während seines Aufenthaltes im Kloster Montserrat eine Lebensbeichte ab, die der Überlieferung nach drei Tage dauerte. Danach verabschiedete er sich konsequent von seiner bisherigen Lebensweise als Ritter und Edelmann und verließ das Kloster als Bettler und Pilger. Seine Waffen, bis dahin das Kostbarste, das er sein Eigen nannte, ließ er am Altar der Klosterkirche zurück.

Ein Jahr lang verweilte Íñigo in Manresa und schrieb dort sein berühmtes Exerzitienbuch und unternahm schließlich eine Pilgerreise nach Jerusalem.

Mit 36 Jahren wurde er, nachdem er auch die nötige Schulbildung nachgeholt hatte, zum Studium in Barcelona zugelassen. Er begann Philosophie und Theologie zu studieren, fiel aber durch seine freimütigen Ansichten bald der Inquisition auf. Wenn auch nicht nach *peinlicher*, so doch nach *ernster Befragung* wurde Íñigo für acht Wochen inhaftiert. Als er danach an die Universität in Salamanca wechselte, widerfuhr ihm dasselbe: Er wurde bewacht, verhört und schließlich vom theologischen Studium ausgeschlossen.

Deshalb flüchtete er schließlich 1528 nach Frankreich und versuchte, seine Studien an der Sorbonne und in Flandern fortzusetzen, und konnte endlich 1534 sein Studium mit einem *Magister Artium* abschließen. In Paris traf er sechs Männer, mit denen er sich zu einer völlig neuartigen geistlichen Gemeinschaft zusammenschloss. Wohl gelobten sie am 15. August 1534 wie andere Ordensmänner auch Armut und Keuschheit, sahen aber in der Missionierung des damaligen Palästina ihre eigentliche Aufgabe. Auch wollten sie keine Ordenstracht anlegen, schafften sich andererseits eine interne straffe Hierarchie, deren Form Íñigo aus seinen frühen Militärerfahrungen übernahm. Trotz dieser ungewöhnlichen Form und trotz der früheren »Bekanntschaft« mit der Inquisition nahm Papst Paul III. ihre *Formula Instituti*, also ihre Ordensregel, zur Kenntnis und genehmigte drei Jahre später offiziell diesen neuen Orden, die *Societas Jesu*, also die *Gesellschaft Jesu* oder die *Jesuiten*, wie sie in Kurzform genannt werden.

Eine Missionierung in Palästina war wegen der gänzlich unsicheren politischen Lage nicht möglich, deshalb erklärten die Ordensbrüder nun den Dienst für den Papst und die Mission gerade in jenen Gegenden, die sich der Reformation angeschlossen hatten, zu ihrem Hauptauftrag. Íñigo de Loyola war ein Zeitgenosse Luthers. Und auch wenn die kirchengeschichtliche Situation diese beiden überragenden Theologen auf zwei verschiedene Seiten der damals tobenden Auseinandersetzungen stellte – also auf die römisch-katholische bzw. die lutherisch-protestantische –, so sind sie sich in ihrer Genialität und ihrer Leidenschaft doch sehr nahe. Und selbst in ihren theologischen Inhalten finden sich erstaunliche Parallelen – ein Umstand, der durch die kirchenpolitischen Kämpfe ihrer Zeit und ihre wohl auch zum Teil konfessionell stark geprägten Vereinnahmungen in den folgenden Jahrhunderten erst in jüngerer Zeit wirklich verstanden wird.

Die neu gegründete *Societas Jesu* wuchs rasch, so dass ihr Gründer die ursprüngliche Begrenzung auf sechzig Mitglieder schon 1546 fallenließ und so eine große Ausweitung ermöglichte.

Zehn Jahre später erkrankte Íñigo schwer. Nach kurzer Leidenszeit starb er am 31. Juli 1556. Bei seinem Tod zählte der von ihm gegründete Orden bereits 10 000 Mitglieder.

Ignatius von Loyola wurde 1609 zunächst selig- und schon 1622 heiliggesprochen.

Das bekannteste Werk des Ignatius ist sicher sein Exerzitienbuch – die *Geistlichen Übungen* oder *Exercitia Spiritualia*, die 1548 der Öffentlichkeit übergeben werden konnten.

Ignatius hat seinen eigenen Erfahrungsweg nicht nur nachgezeichnet, sondern daraus eine Wegbeschreibung abgeleitet, die es auch anderen Menschen ermöglichen soll, den Weg Jesu Christi und die Gegenwart Gottes in ihrem eigenen Leben zu erkennen. Und umgekehrt: Den eigenen Lebensweg, die eigenen Fragen, Nöte und Freuden so zu ordnen und auf Ihn hin auszurichten, dass das eigene Leben »christusförmig« wird. Diese Formulierung kann missverstanden werden.

Damit ist nicht gesagt, dass das eigene Leben so heilig, rein und frei von Sünde werden könnte, wie es einmalig im Sohn Gottes geschehen ist. Dieses Ansinnen der »Selbstheiligung« wurde von Martin Luther, von den Reformatoren und vor allem von den Autoren der Heiligen Schrift scharf verurteilt und war auch sicher nicht im Sinne des Ignatius.

Sondern: »Christusförmig« werden zu wollen bedeutet, das eigene Leben, die eigenen Gedanken und

Gefühle immer wieder Ihm, dem menschgewordenen Gott zu öffnen, es erfüllen zu lassen von Seiner Gnade und Seinem Licht und sich selbst immer wieder hinzuordnen auf das Wort, das Er selbst uns ja als Maß und Richtschnur anvertraut hat. Nicht um moralischer Reinheit willen, nicht um Gesetze und Normen zu erfüllen, auch nicht, um unter großen Anstrengungen den Willen Gottes zu erfüllen – sondern um frei und offen zu werden für eine Liebe, die all diesen wünschenswerten Regungen zugrunde liegt, sofern diese Regungen nicht in ihr Gegenteil verkehrt werden sollen.

Die Liebe, nur die Liebe ist das Maß aller Dinge. Suchet zuerst das Reich Gottes, und alles andere wird euch hinzugegeben, sagt Jesus im Evangelium. Das ist der Weg, den auch Ignatius mit seinen Exerzitien weisen will: sich aufzumachen in und für das Reich Gottes mitten unter und in uns, sich beschenken zu lassen mit dieser Liebe.

So einfach das klingt, so vieles steht dem entgegen. Diese Widerstände langsam und behutsam oder auch gelegentlich mit einiger Beharrlichkeit zu überwinden, aufzulösen, schließlich verwandeln zu lassen, ist der eigentliche Sinn der Exerzitien. Das ist auch das Anliegen dieses Buches, das sich dankbar und mit hoher Achtung an den *Geistlichen Übungen* des Ignatius orientiert. Zugleich versucht dieses Buch, die *Geistlichen Übungen* des Ignatius für Leser/-innen und Übende zu übersetzen, die mit seinem Sprachgebrauch nicht mehr vertraut sind. Mehr noch: Es möchte sie für einen Alltag anwendbar machen, der mitten in dieser gegenwärtigen Welt und ohne die geschützten Räume eines

Klosters und heute auch oft ohne eine tragende spirituelle Gemeinschaft oder Gemeinde gestaltet werden muss.

Und vielleicht wächst im Gehen dieses Alltagsweges ja die Lust, einmal in einem Exerzitienhaus oder einer anderen Einrichtung an begleiteten Einzel- oder Gruppenexerzitien teilzunehmen und sich so eine wirklich ausgesonderte Zeit zu schenken. Dafür ist dieser schriftliche Weg sicher kein Ersatz, sondern allenfalls ein Hinweis auf weitere und vertiefende Möglichkeiten.

EVANGELISCHE EXERZITIEN?

Exerzitien sind Übungen. Vielen Menschen ist der Begriff *Exerzitium* vielleicht noch immer eher aus der militärischen Sprache bekannt und wirkt daher möglicherweise abschreckend, zumindest aber befremdlich im Kontext von Spiritualität.

Dagegen verbindet sich der Begriff *Spiritualität* heute eher mit der Vorstellung von etwas Angenehmem, etwas, das gut ist gegen Erschöpfung, Überdruss und Langeweile, gegen Sinnlosigkeit und Angst vor dem Leben.

All das ist richtig. Spiritualität ist heute ein Sammelbegriff und vereinigt die unterschiedlichsten Formen und Wege einer gelebten Gottsuche, ohne dabei schon einen Hinweis auf die Art und Weise dieser Form, ihrer religiösen oder konfessionellen Zugehörigkeit zu benennen.

Evangelische Spiritualität, sofern sie sich selbst überhaupt so bezeichnet, legt darüber hinaus Wert auf die Erfahrung, dass alles, was in der Begegnung zwischen Gott und dem Menschen geschieht, aus Gnade geschieht, also allein deshalb, weil der souveräne Gott es so will und in seinem Erbarmen sich dem (sonst verlorenen) Menschen zuwendet und ihn seiner Gnade würdigt. Die Wahrnehmung, die Achtsamkeit, die

Sehnsucht, in der ein Mensch nach diesem zugewandten Gott fragt und Haltungen einübt, die dabei hilfreich sind, sind – nicht nur, aber auch – Formen gelebter evangelischer Spiritualität.

Evangelische Gottsuche geht immer davon aus, dass es zuallererst Gott ist, der handelt und den Menschen überhaupt befähigt, nach Ihm, dem Ewigen zu suchen. Das ist evangelischer, das heißt: ein dem Evangelium gemäßer Zugang und jüdisch-christlicher Ausgangspunkt für alle Wege, die diese Gottsuche beschreiben. Insofern ist diese Grundüberzeugung an sich nicht evangelisch oder katholisch im Sinne eine konfessionellen Zuordnung, sondern ganz einfach biblisch: Denn nichts anderes berichten uns die Schriften beider Testamente unentwegt: Der ewige Gott bietet seinem Volk seine Liebe und seinen Bund, das Volk und der oder die Einzelne ist gefragt, ob sie diese Liebe und diesen Bund annehmen will oder nicht.

Immer und immer wieder wird dieses Fragen, Hören, Antworten beschrieben mit den Bildern der Liebe, des Werbens, des Ringens umeinander, immer wieder auch mit dem Bild der Hochzeit. Gott wirbt als Bräutigam um seine Braut, das Volk Israel, die Tochter Zion. Jesus, Sohn des Volkes Israel und der Gesalbte Gottes, nimmt dieses Bild später auf und vollendet es, indem er als Sohn Gottes sich selbst zum Bund macht: In Seinem Abendmahl weist er auf seinen Leib und sein Blut als Bundeszeichen für die, die es annehmen und teilen.

Was aber gibt es da zu üben, wenn doch Gott alles überreich schenkt, ja seine Liebe in geradezu verschwenderischer Fülle ausgießt in unsere Herzen, wie es im Römerbrief, Kapitel 5 heißt?

Heute, wenn ihr seine Stimme hört, so verstockt eure Herzen nicht, lesen wir im 3. Kapitel des Hebräerbriefes.

Häufig ist es so, dass wir das alles wissen oder mindestens schon einmal gehört haben. Ja, dieser Gott liebt uns. Ja, wir leben aus seiner Gnade. Ja, wenn wir uns einigermaßen an seine Gebote halten, wenigstens an die Zehn Grundworte, die die meisten von uns irgendwann noch gelernt haben, dann wird uns schon nichts Schlimmes passieren. Das wissen wir alles – irgendwie. Und doch erreicht es uns nicht wirklich, trifft nicht wirklich unser Herz, hat keinen wirklichen Einfluss auf unser Leben oder wenigstens auf unser Lebensgefühl. Viele haben diese Grundwahrheiten der jüdisch-christlichen Tradition einmal vermittelt bekommen.

Aber haben wir sie wirklich *gehört*?

Und: Haben wir sie *heute* gehört, heute in unser ganz konkretes alltägliches Leben mit seinen ganz konkreten Freuden und Sorgen, mit unserer ganz konkreten Geschichte und unserer ganz persönlichen Hoffnung hineingesprochen gehört?

Haben wir sie – oder auch nur eine davon – so mit ganzem Herzen, ganzer Seele und allem Vermögen gehört, als würde dieser unbegreifliche wunderbare Gott sie ganz persönlich zu mir sagen, und zwar heute, jetzt und hier?

Und wie geht es, dieses »Hören mit ganzem Herzen, ganzer Seele und aller Kraft«, also dieses Wahrnehmen, das viel mehr ist als das Hören mit den Ohren, das uns die Geräusche unserer Umgebung ins Bewusstsein bringt?

Immer unter der genannten Voraussetzung, dass Gott zuerst und vor allem entscheidet, ob Er uns etwas zu Gehör bringen will, so ist es in zweiter Linie auch eine Frage der Übung – der Einübung von Haltungen, die mich immer wieder lauschen lassen, ob es in mir oder um mich ein *Logos-Wort* gibt, das mich meint, ruft, tröstet, mahnt, heilen kann.

Diese Übungen heißen Exerzitien, sofern sie einem Erfahrungsweg folgen, der sich seit Jahrhunderten in der Exerzitienpraxis bewährt hat – einfach deshalb, weil er sich letztlich an dem ganz normalen Lebensweg eines jeden Menschen orientiert und ihn auf seine geistliche Dimension hin durchlässig macht.

Exerzitien sind *evangelisch*, wenn dieses Wort nicht einschränkend als Zugehörigkeit zu nur einer der verschiedenen christlichen Konfessionen verstanden wird. *Evangelium* kommt aus dem Griechischen und heißt zunächst nichts anderes als *Gute Botschaft, Gute Nachricht*, ein Evangelist ist ein Mensch, der einem anderen eine gute Nachricht bringt.

Und welches ist nun diese gute Nachricht, die uns die Schriften beider Testamente der Bibel bringen, die die Propheten und Jesus Christus verkündet haben und die im Verlauf der Kirchengeschichte von vielen, vielen Männern und Frauen immer wieder verkündigt worden ist?

Die Nachricht heißt sehr einfach und sehr klar:

Du brauchst keine Angst zu haben.

VERHEISSUNG UND ZIEL: EIN LEBEN OHNE ANGST

Du brauchst keine Angst zu haben – so sagt es die »gute Nachricht« der Bibel. Du brauchst keine Angst zu haben, weil es jemanden gibt, der größer ist als alle Angst und alle Bedrohung, und dieser Jemand hat sich entschlossen, uns alle und jede und jeden Einzelnen von uns zu lieben – ob wir das verstehen oder nicht.

Nun scheint die Nachricht »Du brauchst keine Angst zu haben« in unserer mitteleuropäischen Welt auf den ersten Blick nicht so zentral wichtig zu sein. Wovor sollten wir Angst haben? Wir leben – Gott sei Dank – in einem relativen Frieden, und dank eines wenn auch gebrechlichen, aber doch noch vorhandenen Sozialsystems sind wir überwiegend versorgt mit Nahrung, Kleidung, Wohnraum. Wir müssen nicht wie noch unsere Eltern und Großeltern jede Nacht den realen Tod durch Bomben oder wie die Millionen Flüchtlinge auf der Welt das langsame Verhungern und die monatelange Unbehaustheit fürchten, die noch dazu begleitet wird von andauernder Gewalt durch Terror und Krieg.

Wir leben also nicht unter ständiger Lebensgefahr, sind relativ sicher.

Und doch. Und doch ist das Leben für sehr viele von uns äußerst beängstigend, auch wenn es sich dabei fast immer um eine Angst vor Zukünftigem handelt. Und es stimmt ja auch: Die globalen Perspektiven wirken erschreckend, auch die Prognosen für weite Teile unseres eigenen Landes und damit für unser Leben stimmen nicht eben heiter. Viele von uns leben tatsächlich, ob nun im Augenblick real begründet oder nicht, in einer ständigen Angst vor Arbeitslosigkeit, Armut, Krankheit, auch Krieg und Terror und manchmal einfach angefüllt von einer Grundangst, die gar keine Begründung mehr braucht, aber das Leben vergiftet. Diese Grundangst wird ständig genährt von den Medien, von Zukunftsbildern, die in Politik, Wirtschaft, Wissenschaft gemalt werden. Gleichzeitig wird die tiefe Gewissheit, dass wir in allem und trotz allem geliebte Geschöpfe sind, die gehalten und getragen sind, kaum mehr vermittelt, sie ist nicht mehr unbedingt als Grundwissen und Grunderfahrung im eigenen Leben vorhanden. So stehen wir dieser nagenden Angst, die zuweilen grandiose Ausmaße annimmt, seltsam allein und verloren gegenüber.

Wie also in dieser Welt leben ohne Angst?

Das Erste ist sicher der Mut, sich der eigenen Frage überhaupt bewusst zu werden. Sich zu fragen, ob es etwas gibt, das mich am wirklichen, vollen, bunten und eben angstfreien Leben hindert. Es beginnt damit, wahrzunehmen, dass ich zwar »irgendwie« lebe, vielleicht sogar nur im Rahmen eines halbwegs geordneten Alltags überlebe – aber weit entfernt bin von dem bewussten Gefühlt, gerne, mutig, aufrecht und frei zu leben. Eben so zu leben, wie das Leben doch vielleicht eigentlich gedacht ist, wenn es denn irgendeinen Sinn haben kann.

Viele Wege bieten sich an, die aus Angst und Verzagtheit herausführen. Manche davon sind angenehm, unaufwendig, im oben beschriebenen Sinn dem augenblicklichen Wohlfühlen, der Entspannung, dem schnellen Effekt verpflichtet, ohne die Situation derer, die sich darauf einlassen, grundsätzlich in Frage zu stellen. Das kann ausgesprochen sinnvoll sein. Oft geht es tatsächlich zuerst um eine körperliche und mentale Entlastung, manchmal ist es entweder nicht möglich oder gar nicht nötig, das eigene Leben wirklich grundsätzlich und von allen Seiten her anzusehen, um dann herauszufinden, wie die nächsten Schritte sein können.

Solche Angebote aus der breiten Wellness-Palette sind vor allem als Ergänzung zu vertieften geistlichen Wegen manchmal hilfreich, und manche traditionellen spirituellen Übungen enthalten durchaus derartige Elemente.

Als Wegbeschreibung aber für eine wirklich grundlegende Neuordnung des eigenen Lebens, als Instrument für die Klärung der eigenen Lebensfrage, als Begleiter für den eigenen Sehnsuchtsweg zum wirklichen Leben hin greifen sie aber zu kurz.

Jeder wirkliche spirituelle Weg – ganz gleich in welcher religiösen Tradition – strebt immer auch eine Änderung der Grundhaltung an, in der ich dem Leben begegne. Alle diese Wege begleiten die Suchenden auf einem Wandlungsweg, der sie schließlich in die Lage versetzt, der Welt – und dazu gehören auch die eigene Person und die je eigenen »Innenwelten« – anders, nämlich kraftvoller, aufrechter, gelassener zu begegnen.

Keineswegs um die Missstände, die uns zweifellos umgeben und auch unser Herz erfüllen, forthin still und willig zu akzeptieren, sondern um zu handeln, wenn es möglich ist – aber aus einer anderen, vertieften und zugleich größeren Kraft heraus, als ich sie vielleicht bisher kannte oder die mir im Laufe einer langen, ermüdenden Zeit verlorengegangen ist.

Alle spirituellen Wege und eben auch der Exerzitienweg möchten Wege aus Enge und Angst sein, hinein in eine je größere Freiheit.

Im 1. Johannesbrief des Neuen Testaments findet sich der überraschende und zunächst auch etwas provozierende Satz:

Furcht gibt es nicht in der Liebe, sondern die vollkommene Liebe vertreibt die Furcht.

Wenn ich diesen Satz als Anspruch höre, werde ich mich heillos überfordert fühlen. Liebe kann man nicht befehlen und Furcht im Sinne von Angst ist eine so große Macht, dass ich sie allein nicht überwinden kann, wenn sie sich erst einmal in der eigenen Seele eingenistet hat.

Und hier lohnt das zweite Hinsehen auf dieses Briefwort: Es ist gar nicht von mir und meiner Aktivität die Rede, sondern von einer Beschreibung der Liebe als einem »furchtlosen« Raum und dann von einer dramatischen Befreiungsaktion, die von einer personifizierten Liebe unternommen wird. Die Liebe treibt die Furcht aus – nicht ich, mit meinen menschlichen Möglichkeiten.

Es geht um den Weg, der mich und meine Existenz in diese Liebe hineinverlängert und mich zugleich für diese Liebe bereitmacht. Ein wirklicher Wandlungsweg begleitet mich durch alle Erfahrungen hindurch, die dieser Liebe zu widersprechen scheinen, und kann die Erfahrung bereithalten, dass diese Liebe trotz allem mein Leben getragen und durchwoben hat und bis zu diesem Tag erhält. Und er ermutigt mich, diese Erfahrung aus Vergangenheit und Gegenwart auch in der Zukunft für möglich zu halten.

Ein Exerzitienweg kann meine Existenz für die Erfahrung öffnen, dass ich nicht von mir abhänge, sondern von Anfang an und bis zuletzt und jeden Augenblick von einer Kraft, die wir Gott nennen und deren Wesen und spürbare Präsenz Liebe ist.

So sehr, dass Er selbst sich in unser Menschsein eingehüllt und es mit sich selbst durchdrungen hat in der Person Jesu Christi, so dass gar nichts in unserem Leben außerhalb Gottes und damit der Liebe existiert.

Wenn ich mich mit meiner ganzen Identität verorte in dieser menschgewordenen Liebe, dann werde ich zwar nicht gänzlich frei sein von Angst oder Furcht, aber ich werde die Erfahrung machen, dass auch Angst und Furcht durchdrungen sind von der Präsenz Gottes und ihre Schärfe verlieren. Ich werde weiterhin Angst *haben*, aber immer weniger Angst *sein*.

Das ist die Verheißung, die in jedem Leben liegt, weil jedes Leben von der Liebe Gottes erfüllt ist – trotz allem, was sich im Laufe der Jahre angesammelt haben mag an Verletzungen, Schmerzen, Schuld, Verzweiflung, Resignation.

Es gibt einen Weg zurück in das Herz der Liebe Gottes und von dort in die Weite der eigenen Berufung – der Berufung, ganz und vollständig lebendiger Mensch zu werden inmitten dieser Liebe.

ANLEITUNG ZUR EIGENEN ÜBUNGSPRAXIS

Der Exerzitienweg, der in diesem Buch vorgeschlagen wird, gliedert sich gemäß den vier großen Themen, die als »Wochen« bezeichnet werden, in vier Kapitel.

Jedes dieser Kapitel beginnt mit hinführenden Gedanken, es folgt eine Auswahl an biblischen Texten, denen sich Anregungen zum Umgang und zur geistlichen Übung mit diesen Texten anschließen. Jedes Kapitel wird durch »Erfahrungen« ergänzt, in denen Beispiele aus der Praxis der geistlichen Begleitung wiedergegeben werden. Fragen, die von anderen Exerzitant(inn)-en gestellt werden, Widerfahrnisse und Erlebnisse, von denen andere berichtet haben. Diese werden behutsam beantwortet und kommentiert.

Die Herausforderung eines nur schriftlich dargebotenen Übungsweges besteht darin, dass die Übenden in hohem Maße eigenständig wählen und erkennen müssen: Welcher Text passt jetzt in meine Lebenssituation, welche Frage gehört zu mir, wie ermutige ich mich, auf dem Weg zu bleiben, auch wenn ich mich zuweilen allein fühle?

Diese Herausforderung ist nicht zu unterschätzen. Deshalb sind die nun folgenden Hinweise zur eigenen Übungspraxis schon der erste Schritt auf dem gemeinsamen Weg, weil sie helfen können, genau diese Eigenverantwortung zu stärken.

Die innere Haltung

Es ist ganz einfach.

So einfach, dass Menschen immer wieder überrascht sind, dass sie nicht mehr beachten müssen als einige wenige Hinweise, dass sie letztlich nicht mehr Zeit aufwenden müssen als insgesamt etwa eine Stunde am Tag – und auch die noch aufgeteilt in überschaubare Einheiten.

Es ist tatsächlich ganz einfach, aber es ist nicht leicht.

Es ist nicht leicht, der anfangs vorhandenen Motivation, der Entschlossenheit, der eigenen Bereitschaft treu zu bleiben, auch wenn es langweilig, trocken, anstrengend wird.

Es ist nicht leicht, dem Hunger nach ständig neuen Impulsen, die dauernd von außen an uns herangetragen werden, zu widerstehen und die kleinen Zeiten für die Übung freizuhalten. Noch viel weniger leicht ist es, den irgendwann von innen anklopfenden, anbrandenden Gedanken und Wünschen und Vorstellungen standzuhalten, die leise säuselnd oder polternd laut die sofortige Unterbrechung der Übung fordern – weil es ja doch nichts bringt oder weil es vielleicht zu viel bringt. Mit einem Augenzwinkern sagte einmal ein weiser Menschenkenner: »Christen leben im Blick auf die Wiederkunft Christi in der Spannung zwischen dem ›schon jetzt‹ und dem ›lieber noch nicht‹.«

Wenn ich mich auf eine Beziehung zu dem handelnden Gott einlasse, kann es sein, dass ich überrascht werde. Wunder sind vielleicht weniger selten, als wir denken, jedenfalls sollten wir mit ihnen rechnen in der Gegenwart Gottes. Wenn Er wirkt, kann es sein, dass wir staunen und aufgefordert sind, in den gewiesenen Weg einfach einzuwilligen.

Nicht weniger schwer auszuhalten ist die gegenteilige Erfahrung, jener Unmut darüber, dass Gott scheinbar nicht handelt, dass über längere Zeit nichts geschieht, dass die eigenen Gedanken sich keinen Deut um meinen Wunsch kehren, in der Übung zu bleiben.

All dies kann geschehen, und das beste, weil wirksamste Mittel in diesen Situationen ist: einfach weitermachen und darauf vertrauen, dass Er, der sich selbst auch »den Weg, die Wahrheit und das Leben« nennt, mir entgegenkommt – ob ich es nun merke oder nicht.

Auf jeden Fall ist es nötig, sich zu Beginn eines Exerzitienweges die Frage zu stellen: Will ich mich darauf jetzt wirklich einlassen?

Bin ich bereit, mich einzulassen, mich unter Umständen wirklich wandeln und verwandeln zu lassen?

Man *muss* diesen Weg nicht gehen, vor allem muss man ihn nicht andauernd und in jeder Lebenssituation gehen. Es gibt Zeiten, da ist ein solcher Aufbruch gar nicht angezeigt. Zum Beispiel wenn ich gerade aus einer intensiven Bewegung komme und einen intensiven inneren oder äußeren Wandlungsweg hinter mir habe (in Form einer Therapie, einer eben abgeschlossenen geistlichen Begleitung, einer gerade vollzogenen größeren Lebensentscheidung) und nun angekommen bin in mir, in einem neuen »Lebenshaus« – oder, um der Beweglichkeit willen besser: »Lebenszelt« – und in der wärmenden und befreienden Liebe Gottes. Dann ist es wichtiger, erst einmal zur Ruhe zu kommen, Formen der Aneignung des Entdeckten zu finden, sich zu beheimaten in dem neuen Lebensabschnitt. Dann ist es wichtiger, eine geistliche Form zu finden, die mir bei dem »Ankommen« hilft und mich einbirgt in die Gegenwart Gottes mitten in diesem neuen Lebensumfeld. Anregungen dafür finden sich auch in dieser vorliegenden Wegbeschreibung im Kapitel der »4. Woche« sowie in vielen anderen Büchern, von denen einige in der Literaturauswahl genannt sind.

Wenn es aber etwas gibt, das mich jetzt in die Bewegung und in einen inneren Aufbruch lockt, dann könnte es sein, dass es Zeit ist für den ersten Schritt.

Vielleicht gehe ich schon länger mit einer Frage um, die mein Leben betrifft. Bin ich noch auf meinem eigenen Weg? Lebe ich nur noch ein Leben, das andere oder anderes mir diktieren, aber nicht mehr ich selbst, und dem die tiefe Freude fehlt?

Verstehe ich noch den tiefen Sinn, der meinem Leben zugrunde liegt, oder habe ich diesen Sinn schon immer vermisst?

Wie steht es um meine Gottesbeziehung?

Ist sie erfüllt von lebendiger Sehnsucht und augenblickshafter Erfüllung, oder lebe ich schon lange in einer spröden Ödnis, die jede Sehnsucht vertrocknen ließ?

Lebe ich mit überkommenen Vorstellungen dieses Gottes, die mit meinem derzeitigen Leben und meinen zurückliegenden Erfahrungen nichts mehr zu tun haben?

Und wie lebe ich die Beziehungen zu anderen Menschen? Zu Partner, Partnerin, Freunden, Kindern? Spüre ich noch Liebe?

»Du sollst (du wirst) den Herrn, deinen Gott lieben und deinen Nächsten wie dich selbst.« Dieses dreifache Gebot der Liebe übernimmt Jesus aus der Thora und benennt damit das Herzstück aller Spiritualität, ja des Lebens überhaupt. Es bietet eine ganz einfache Frage, anhand deren ich den Zustand meiner Seele, meines Lebens feststellen kann. Liebe ich Gott, meine Nächsten, mich selbst? Wo auch nur eine dieser drei Achsen »unbelebt« scheint, sich als trocken und kraftlos erweist, lohnt es sich innezuhalten, »herauszutreten aus der Burg« des Gewohnten und sich auf einen Suchweg zu begeben. Wo ist die Liebe geblieben? Wie finde ich wieder zurück zur Quelle?

Dann also könnte es ein guter Weg sein, sich auf den Exerzitienweg einzulassen.

Die Struktur des Weges

Die äußere Struktur dieses Weges ist sehr klar und sollte möglichst als verbindlich angenommen werden. Sie bietet den verlässlichen Rahmen und den Halt, innerhalb dessen sich die eigentliche Bewegung in der eigenen Seele und im Gespräch mit Gott frei entfalten kann. Diesen Rahmen zu verlassen sollte nur in Ausnahmen geschehen, und es ist gut, dann auch sobald wie möglich dorthin zurückzukehren.

Der Exerzitienweg bietet eine Zeitstruktur und braucht außerdem feste Orte und zumindest eine kleine vorher festgelegte »Liturgie«, der ich mich anvertrauen kann. Sie wird im Folgenden vorgestellt.

Die »vier Wochen«

Vier große Themenbereiche unterteilen den Weg, die die Themen des menschlichen Lebens nachzeichnen – Ignatius hat sie in vier Wochen unterteilt, weil er davon ausgegangen ist, dass die Exerzitant(inn)en sich wirklich jeweils eine Woche lang mit dem entsprechenden Thema befassen. Das kann eine sinnvolle Zeiteinteilung sein, sollte aber gleichzeitig an das eigene wirkliche Erleben angepasst sein: Wenn ich nach der ersten Woche merke, dass das Thema mich noch sehr beschäftigt, sollte ich getrost noch eine Zeitlang dabei verweilen. Umgekehrt ist es ebenso möglich, eine andere »Woche« abzukürzen, wenn die dort anstehenden Fragen mich zurzeit nicht berühren.

Die vier Themen dieser »Wochen« – oder Zeiten – werden in diesem Buch wie folgt benannt:

1. Schöpfung. Im Anfang hat Gott alles, also auch mein eigenes Leben, erschaffen, alles ist mit allem in dieser Schöpfungskraft verbunden. Hier werden Wahrnehmungsübungen angeboten und Leiberfahrungen geübt, auch Themen aus der familiären Vergangenheit, die die eigene Existenz mitprägen, bedacht.

2. *Das eigene Leben im Licht des Lebens Jesu.* Wie sieht mein Leben jetzt konkret aus? Wo begegne ich in diesem Leben der Kraft Gottes? Wo ist die eigentliche Frage, das Problem, die Verstrickung sichtbar oder nur verborgen wirksam? Und wo könnte sich eine Lösung, ein weiterer Schritt zeigen?

3. *Durch den Tod hindurch.* Der Weg an der Seite des Lebendigen führt durch Leiden und Tod zur Auferstehung und in eine neue Weite. Ich werde vor die Wahl gestellt und wähle das Leben.

4. *Begegnung und Sendung.* Im Raum der geschenkten Freiheit geht es um die Erfahrung einer neuen und wiederentdeckten Sinngebung, die mein Leben und meinen Entschluss in die Dimension der Gottesgegenwart in dieser Welt hineinstellt. Mein Weg wird gesegnet, und ich werde neu ins Leben gesandt.

Diese Themen werden in einem »Trialog« zwischen biblischen Texten, meiner eigenen reflektierten Lebenssituation und den Erfahrungen, die mir in der Zeit der Exerzitien begegnen, durchlebt.

Ort und Zeit der Übung

Während der Exerzitienzeit ist es wichtig, dass Sie sich auf eine verbindliche geistliche Übungspraxis einlassen. Wie schon am Anfang dieses Kapitels betont: Exerzitien sind ein Erfahrungsweg, auf den sich die Exerzitant(inn)en einlassen und der im Laufe seiner Dauer eine ganz eigene Dynamik entwickelt, aber eben nur, wenn sie sich wirklich real – also nicht nur gedanklich – darauf einlassen. Ich kann den Wanderweg auf einen Berggipfel auf der Wanderkarte ansehen, ich kann mir einen Fotoband mit Bildern des Weges anschauen – aber die Weite des Gipfels, die kühle Luft atmen, die Stille dort oben hören und mich an all dies erinnern kann ich nur, wenn ich wirklich selbst gehe. Begegnung erlebe ich nur, wenn ich Begegnung wirklich zulasse und mich dafür bereite. Hierzu muss ich mich bewusst entscheiden und diese Entscheidung und damit mich selbst so ernst nehmen, dass ich ihr treu bleibe.

Die Übungspraxis sieht vor, dass Sie sich täglich auf eine festgelegte Zeit am Morgen und eine zweite am Abend einlassen, die ausschließlich dem Weg vorbehalten sind. Für die Zeit am Morgen ist es gut, etwa eine halbe Stunde einzuplanen, am Abend etwas weniger.

Dazu brauchen Sie einen Ort, am besten in der eigenen Wohnung, der nicht jedes Mal erst freigeräumt werden muss, sondern der Sie einlädt, sich vor dem Antlitz Gottes einzufinden, sich Seinem Wort anzuvertrauen und sich ihm auszusetzen und dabei auf Ihr eigenes Herz zu lauschen.

Dieser Ort muss nicht aufwendig gestaltet sein. Es reicht eine Decke mit einem Sitzkissen oder ein Meditationshocker, selbstverständlich ist es auch möglich, auf einem Stuhl zu sitzen. Ob Sie auf einem Stuhl, einem Meditationshocker oder auf einem Meditationskissen sitzen, ist als solches nicht wichtig. Wichtig ist, dass Sie dort in einer Haltung bleiben können, in der Sie zugleich entspannt und wach lauschen können auf das, was sich als Erfahrung bereithält. Eine kleine Stoppuhr oder ein Wecker hilft, die gewählte Zeitspanne anzuzeigen und das Ende zu signalisieren – so können Sie sich ausschließlich auf das innere Geschehen einlassen und müssen nicht auf die Zeit achten.

Es sollte eine Kerze bereitstehen, die während jeder Gebetszeit brennt. Vielleicht stellen Sie eine Ikone oder ein anderes Bild oder ein Kreuz dazu, das Ihnen die Güte und Barmherzigkeit Gottes nahebringt und in das Sie alles, was Sie auf Ihrem Weg erleben, hineinbergen können.

Eine genaue Anleitung für die Gestaltung der einzelnen Gebets- oder Meditationszeiten finden Sie in der Beschreibung der »ersten Woche« auf S. 82 f.

Der Umgang mit biblischen Texten

Das eigentliche Geschehen bei einem Exerzitienweg gestaltet sich durch die Begegnung mit biblischen Texten, in denen sich das Wort Gottes bis heute einhüllt und zugleich offenbart.

Für jede Woche bzw. jedes der genannten Themen werden deshalb ausgewählte Texte aus dem Alten und dem Neuen Testament in den jeweiligen Kapiteln angeboten.

Lesen Sie diese Texte möglichst mit offenem Herzen, und lassen Sie sich von dem Text ansprechen, der Sie heute, während Sie da sitzen, am stärksten berührt.

Dieses »Berührtsein« kann geschehen durch spontanes Wiedererkennen (»So geht's mir auch!«), durch Abwehr und Ablehnung (»Wie kann der/die so etwas sagen, tun, denken?«), auch durch einfaches Nichtverstehen (»Und was soll das Ganze jetzt …?«).

Jede dieser Regungen (und viele andere) kann eine Tür in den Textraum sein. Stellen Sie sich diese Texte wirklich wie reale Lebensräume vor, in die Sie mit Ihrer heutigen Persönlichkeit und Ihren Erfahrungen eingeladen werden. Sie treten imaginierend ein in die Lebenswelt der biblischen Menschen und Ereignisse und damit in den Heilsraum Gottes – und öffnen zugleich Ihren eigenen Lebensraum der Dynamik des biblischen Geschehens. Denn diese *dynamis* (griech. für Kraft, Bewegung) Gottes ist selbstverständlich in unserem realen Lebensraum auch gegenwärtig – aber unser Leben entwickelt sich erst in unserer Jetzt-Zeit, während die biblischen Texte ihre Lösungen schon gefunden haben und so zu wegweisenden Möglichkeiten werden können. So verweben wir den eigenen Lebenstext mit dem biblischen Text und lassen das eigene Leben von der Gotteskraft, die in den biblischen Heilsgeschichten wirkt, durchdringen.

Eine genaue Anleitung zur Meditation der Texte finden Sie in der Beschreibung der »ersten Woche« auf S. 82.

Begleitung auf dem Weg

Dieses Buch möchte auf dem Weg durch die Exerzitien eine Begleitung sein. Das geschieht, indem das Thema der jeweiligen Schritte beschrieben und in verschiedenen Richtungen ausgeleuchtet wird, indem biblische Texte zur Auswahl und passende vertiefende Übungen angeboten werden, indem schließlich mögliche Fragen, die andere Wegsuchende in diesen Zusammenhängen häufig stellen, beispielhaft aufgegriffen und Antworten gegeben werden, die für sie hilfreich waren.

Dennoch hat so ein Buch immer eine ganz wesentliche Begrenzung – es kann naturgemäß nie auf die ganz konkrete Situation eines oder einer einzelnen Übenden eingehen, sondern hat immer »Beispiele« vor Augen, Möglichkeiten, und bleibt letztlich in der Andeutung und vielleicht im Bereich der hilfreichen Frage. Daher empfehle ich Ihnen dringend, sich einen Menschen zu suchen, der Sie ganz persönlich auf dem Weg begleitet, mit dem Sie die anklingenden Fragen, die sich aus Ihrer ganz persönlichen Lebenssituation heraus ergeben, betrachten können. Mit dem Sie bestimmte Ereignisse, die sich auf dem Weg ergeben, besprechen und einordnen können, der – oder die – Ihnen zur Seite steht, wenn in der Reflexion Ihres bisherigen Lebensweges belastende Erinnerungen oder verunsichernde innere Bewegungen auftauchen.

In der geistlichen Tradition aller Religionen und auch in der christlichen Tradition war es bis vor wenigen Jahrzehnten selbstverständlich, dass ein geistlich lebender Mensch einen Begleiter oder eine Begleiterin, also einen Spiritual oder eine Spiritualin, hatte. Manches auf so einem Weg spielt sich gleichzeitig auf der psychischen, der spirituellen und der körperlichen Ebene ab, so dass es schwierig oder gar unmöglich ist, selbst immer genau zu unterscheiden, woher ein innerer Impuls kommt oder welche Relevanz eine innere Bewegung hat. Ein Begleiter, eine Begleiterin hat in jedem Fall eine größere Distanz, einen klareren »Außenblick« und kann möglicherweise durch Nachfragen oder ergänzende Impulse die Verwirrung ordnen, die Ereignisse mitbedenken, Erfahrungen auch mit Ihnen gemeinsam auf ihren Ursprungsort überprüfen. »Wes Geistes Kind bist du?«, lautet die entscheidende Frage auf dem Weg der so wichtigen »Unterscheidung der Geister«, und diese Frage ist oft nur mit Hilfe von außen wenigstens annähernd zu beantworten. Man kann sich eben nicht »an den eigenen Haaren aus dem Sumpf« ziehen, und auch wenn es keineswegs sein muss, dass Sie in sumpfige Gefilde gelangen, so gilt dieses Wort doch auch für alles andere, was Ihnen widerfährt.

Und wenn auch gar keine besonderen Dinge geschehen und Sie gut behütet und in Frieden gehen können, so kann eine Begleitung sehr hilfreich in Zeiten der Unlust und der Trägheit sein. Durch einfaches Nachfragen, ob Sie denn noch auf dem Weg sind, wie es mit den täglichen Meditationszeiten klappt, durch verständnisvolles und ermutigendes Zuhören und Ermuntern kann die Begleitung Sie dabei unterstützen, in der Übung und damit auf dem Weg zu bleiben – auch wenn es langweilig, öde, beschwerlich wird.

Um dieser guten Distanz willen ist es ganz wichtig, dass der gewählte Begleiter, die gewählte Begleiterin wirklich in einer freundlichen Distanz zu Ihrem Lebensumfeld steht. Es soll gerade nicht der eigene Partner, die eigene Partnerin sein, auch nicht die Lieblingsfreundin oder der beste Freund. Denn all diese lieben Menschen sind ja in ihrem eigenen Gefühlsleben so eng mit Ihnen verbunden, dass sie kaum frei von eigenem Interesse an Ihrem Weg sind (und mag es auch das allerlöblichste Interesse sein). Sinnvoller ist es daher, sich einen Menschen zu suchen, der selbst auf einem geistlichen Weg ist, zu dem Sie hingehen können – auch wirklich äußerlich hingehen können, denn es hilft sehr für die Betrachtung des eigenen Lebens, dafür gelegentlich in eine auch räumliche Distanz zu gehen. So wie eine Künstlerin einige Schritte von ihrem Werk zurücktritt, um es im Ganzen zu betrachten.

Einen solchen Menschen finden Sie möglicherweise in der eigenen Gemeinde. Es kann der Pfarrer oder die Pfarrerin sein oder ein Mensch, der durch eigene Lebenserfahrung auf dem Weg mit Gott gereift ist. Es gibt darüber hinaus in nahezu jeder größeren Stadt inzwischen Angebote von christlichen Bildungshäusern, Klöstern und Kommunitäten, in denen Menschen für die geistliche Begleitung ausgebildet sind. Im Anhang dieses Buches finden Sie eine Adressenliste, wo Sie, selbst wenn keiner bzw. keine dieser genannten Orte und Einrichtungen in Ihrer Nähe ist, weiterführende Hilfe erfragen können. Auch die meisten Bistümer und Landeskirchenämter verfügen heute über die Adressen von geistlichen Begleiter(inne)n in ihrer Region.

Und wie erkennt man, ob dieser oder jener Begleiter oder diese oder jene Begleiterin geeignet ist?

Das Wichtigste ist eine gegenseitige Sympathie. Sympathie ist nicht nur ein oberflächliches »Sich-nett-Finden«, sondern bedeutet wörtlich »zusammengehende Leidenschaft«. Trotz vielleicht anfänglicher Fremdheit spürt man einen tiefen gemeinsamen Grundklang, der zunächst noch gar keine äußere Entsprechung hat, aber schnell und unverstellt Vertrauen ermöglicht. Es ist dieses einfache, ruhige Gefühl, das sich einstellt, wenn man sich geborgen und angenommen weiß, ohne dass es dafür eine Vorleistung oder Begründung braucht.

Sodann kann es hilfreich sein, wenn auch der beidseitige Sprachgebrauch nicht allzu fremd ist. Es gibt in der weiten christlichen Landschaft sehr viele unterschiedliche Traditionen, die auch einen je eigenen Sprachgebrauch und eigene Akzente der Schriftauslegung und Theologie haben. Gerade für den Beginn des eigenen Weges kann es hilfreich sein, nicht sofort »Übersetzungsarbeit« leisten zu müssen, sondern sich dort anzusiedeln, wo Sprache und Denken vertraut sind. Allerdings bestätigen hier Ausnahmen die Regel. Gerade bei schon längerer Übungspraxis kann es auch einmal horizonterweiternd sein, sich in die geistliche »Nachbarwohnung« zu begeben, um sich von ungewohnter Weise befragen und in ein ganz neues Land locken zu lassen.

Begegnung mit Dir. So heißt der Titel dieses Buches und umfängt damit ein schier nicht auslotbares Geheimnis.

Wer ist gemeint mit diesem »Dir«, dem zu begegnen ist?

Bist es »Du, Mensch«, der sich selbst nicht mehr kennt, nicht mehr wahrnimmt, nur noch funktioniert, aber keine Lust mehr hat am Leben und am Geheimnis dieses Lebens, das wir Gott nennen?

Oder bist es »Du, Gott«, eben der, der mich erfüllt mit Liebe und Lust am schieren Dasein, der meinem Leben Sinn und Auftrag gibt?

Wem begegne ich, wenn ich »Dir« begegne?

Wem begegne ich, wenn ich »mir« zutiefst und zuinnerst begegne?

Fragen, die sich nur bis zu einem bestimmten Punkt mit der Kraft der Gedanken beantworten lassen. Dahinter beginnt eine andere Qualität von Ahnen, von Tasten, von sich verdichtender Gewissheit.

Beides, die rationale Gedankenwelt und das ahnende, sinnenhafte Ertasten einer dahinterliegenden Wirklichkeit, sind Spuren auf demselben Weg, eben jenem spirituellen Weg »zu Dir«.

Jeder spirituelle Weg beginnt mit der Wahrnehmung.

Längst bevor ich weiß, dass ich mich nun auf einen Übungsweg, einen Erfahrungsweg begebe, spüre ich, dass sich in meinem Leben etwas verändert. Zuweilen gänzlich unkonkret, diffus, nur eine innere Unruhe vielleicht, ein Aufschrecken in der Nacht, eine schleichende Unzufriedenheit am Tag. Bevor ich bewusst und denkend registriere, dass ich mich bewegen will, hat sich schon »etwas« in mir bewegt und lockt und sucht nach Beachtung in meinem Alltagsbewusstsein.

Nicht selten trifft diese innere, noch »ungeborene« Regung auf ein äußeres Ereignis, das mich buchstäblich aus der Bahn wirft oder mich doch wenigstens für einen Augenblick innehalten lässt inmitten des Gewohnten. Eine Begegnung mit einem anderen Menschen – sie sei freundlich oder abweisend –, die mich mehr berührt, als ich mir zunächst erklären kann. Ein Blick auf ein Kind, eine gehörte Musik, der Anblick eines Baumes oder einer Himmelsfärbung, der plötzlich tief im eigenen Herzen etwas anrührt, ohne dass ich den Zusammenhang verstehe – umso weniger, als ich all dies doch täglich sehe und es nie etwas Besonderes zu sein schien.

Plötzlich aber tut sich für Sekunden hinter den Dingen eine andere Tiefe auf, die mich – ebenfalls nur für Bruchteile von Sekunden – in einen anderen Lebenszusammenhang, in ein Gewebe aus Schöpfung stellt, das mir so bisher nicht begegnet ist.

Oder auch ganz anders. Ein Unfall, ein Streit, eine Krankheit, die plötzlich den äußeren Lebensrahmen sprengt und mich herausreißt aus dem Gewohnten. Und erst beim zweiten Hinschauen wird deutlich, dass dieses »Herausgerissenwerden« so zufällig nicht war, sondern sich längst angekündigt hat – wenn auch unbeachtet.

So also oder doch so ähnlich beginnt sich ein geistlicher Weg in das eigene Leben hineinzubegeben, noch bevor ich mich entschließe, ihn auch zu gehen.

Genau das aber ist nun die Frage und die Entscheidung, die am Beginn der ersten Woche zu stellen und zu treffen ist.

Lasse ich mich hineinnehmen in diese Bewegung? Willige ich ein in diese Dynamik, diese Kraft, deren Richtung ich noch nicht kenne?

Diese Frage ist die erste, die zu beantworten ist. Wenn die Antwort noch nicht ganz eindeutig ist, kann es hilfreich sein, zunächst noch einmal das Kapitel »Anleitung zur eigenen Übungspraxis« zu lesen und mit einem vertrauten Menschen über die eigene Situation zu sprechen. Ein bisschen Mut, ein bisschen Neugier sind dabei allemal hilfreich. Denn alle Übung, alle Meditation und alle Fragen haben letztlich nur ein Ziel: Leben zu ermöglichen, und zwar das ganze, volle, lebendige Leben, das der Schöpfer alles Lebens für mich vorgesehen hat und bereithält und das vielleicht gerade jetzt mit einer ganz neuen Qualität, einer neuen Farbe in meiner Existenz sichtbar und fühlbar werden will.

Nun also.

Es beginnt alles mit der Wahrnehmung und mit der Kraft zur Achtsamkeit.

Erst aus der Wahrnehmung folgt das Denken und – hoffentlich – aus dem Denken die Handlung.

Unsere heutige moderne Welt in den Industrieländern hat diese Reihenfolge zuweilen ein bisschen verschoben. Das Denken scheint das Maß aller Dinge zu sein, gehandelt wird häufiger als nötig zu schnell und manchmal zu achtlos.

Der Weg, den wir hier gehen, führt als Erstes zurück in die Kunst der Wahrnehmung.

Deshalb soll die erste Woche nur dieser Kunst gewidmet sein. Eine Kunst, die nicht etwas ist, was wir erst mühsam erlernen müssen, sondern etwas, dessen wir uns nur wieder zu erinnern brauchen. Wenn Sie ein Kind beobachten, das ganz selbstvergessen eine Blume, einen Stein, eine glänzende Kastanie betrachtet und gleichsam selbst zu einem Teil von Blume, Stein und Kastanie wird, dann sehen Sie, worum es geht. Um das Staunen über das ganz alltägliche Leben, das mich umgibt. Um die augenblickshafte Gewissheit, dass das Leben des Lebendigen mich umfängt und ich selbst Leben in diesem Leben bin – nicht mehr und nicht weniger.

Es geht um die Überwindung des garstigen Grabens, der uns Menschen so oft von der Gegenwärtigkeit und Lebenserfülltheit der Schöpfung um uns herum trennt.

Diese Überwindung ist Geschenk, wir können sie nicht machen. Ich kann nicht »herstellen«, dass sich mir plötzlich die Sinne öffnen und ich mit meinem ganzen Leben spüre, dass nichts und niemand mich aus diesem von Gott gesegneten Leben reißen kann. Aber ich kann mich für dieses Geschenk offen halten, mich bereithalten für diesen Anruf der Gnade. Ich kann hoffen und erwarten, dass ich mich für einen Moment wieder eingeborgen weiß in der Schöpfungskraft Got-

tes und damit in seiner Liebe – so wie es von Anfang an war und von Seiner Seite her immer ist.

Als biblische Texte für diese erste Woche werden deshalb drei Texte ausgewählt, die in großer Kraft, Fülle und Dramatik die Weite und Schönheit der Schöpfung beschreiben und besingen und die den Menschen als ein geliebtes Gottesgeschöpf unter allen anderen wahrnehmen.

Lesen Sie die Texte bitte einmal in Ruhe und entscheiden Sie, welcher Ihnen hier und jetzt offen und einladend begegnet. Den wählen Sie zunächst aus. Möglicherweise geschieht das nicht schnell und eingängig, denn die Texte sind alt und haben eine große Sprache. Es ist dann schon die erste Übung, sich dennoch diesen Texten anzuvertrauen und so lange mit offenem Herzen dabei zu verweilen, bis sich der zeigt, der Sie jetzt gerade am ehesten einlädt, eine Zeitlang mit ihm zu leben.

Biblische Texte

1. Buch Mose 1,1–2,1: Die Erschaffung der Welt

Im Anfang schuf Gott den Himmel und die Erde. Die Erde war wüst und leer, Finsternis lag über der Urflut, und der Geist Gottes schwebte über den Wassern. Da sprach Gott: »Es werde Licht!« Und es ward Licht. Gott sah, dass das Licht gut war. Da trennte Gott Licht von Finsternis. Gott nannte das Licht Tag, die Finsternis aber Nacht. Es ward Abend, und es ward Morgen: ein Tag.

Dann sprach Gott: »Es entstehe ein festes Gewölbe inmitten der Wasser, und es bilde sich eine Scheidewand zwischen den Wassern!« Gott bildete das feste Gewölbe und schied zwischen den Wassern oberhalb und unterhalb des Gewölbes, und es geschah so. Gott nannte das feste Gewölbe Himmel. Es ward Abend, und es ward Morgen: zweiter Tag.

Sodann sprach Gott: »Es werde das Wasser unterhalb des Himmels an einem Ort gesammelt, und das Trockene werde sichtbar!« Und es geschah so.

Gott nannte das Trockene Erde, und das zusammengeflossene Wasser nannte er Meer. Gott sah, dass es gut war. Da sprach Gott: Die Erde lasse Grünes hervorsprießen, samentragende Pflanzen sowie Fruchtbäume, die Früchte bringen nach ihrer Art, in denen Samen ist auf Erden!« Und es geschah so. Die Erde brachte Grünes hervor, samentragende Früchte nach ihrer Art und Bäume, die Früchte bringen, in denen ihr Same ist nach ihrer Art. Und Gott sah, dass es gut war. Es ward Abend, und es ward Morgen: dritter Tag.

Dann sprach Gott: »Es sollen Leuchten werden am Gewölbe des Himmels, um zu scheiden zwischen der Nacht und dem Tag, und sie sollen als Zeichen dienen sowohl für die Festzeiten als auch für die Tage und Jahre! Sie sollen Lichtspender an dem Gewölbe des Himmels sein, um zu leuchten über der Erde!« Und es geschah so. So machte denn Gott die beiden großen Leuchten: die größere, dass sie den Tag beherrsche, die kleinere zur Beherrschung der Nacht und dazu die Sterne.

Gott setzte sie als Leuchten über die Erde an das Gewölbe des Himmels, zu beherrschen Tag und Nacht und zu trennen Licht und Finsternis. Und Gott sah, dass es gut war. Es ward Abend, und es ward Morgen: vierter Tag.
Dann sprach Gott: »Es sollen wimmeln die Gewässer von Lebewesen und Vögel am Himmelsgewölbe fliegen über die Erde!« Gott schuf die großen Seeungetüme und alle sich regenden lebendigen Wesen, von denen nach ihren Arten das Wasser wimmelt, und alle geflügelten Vögel nach ihren Arten. Und Gott sah, dass es gut war. Gott segnete sie und sprach: »Seid fruchtbar, mehrt euch und erfüllt das Wasser in den Meeren! Die Vögel aber mögen sich vermehren auf Erden!« Es ward Abend, und es ward Morgen: fünfter Tag.
Da sprach Gott: »Die Erde bringe lebendige Wesen nach ihrer Art hervor: Vieh, Kriech- und Feldtiere nach ihren Arten! Und es geschah so. Gott bildete die Feldtiere, das Vieh und alle Kriechtiere des Erdbodens jeweils nach ihren Arten. Und Gott sah, dass es gut war.
Dann sprach Gott: »Lasst uns Menschen machen nach unserem Abbild, uns ähnlich; sie sollen herrschen über des Meeres Fische, über die Vögel des Himmels, über das Vieh, über alle Landtiere und über alle Kriechtiere am Boden!« So schuf Gott den Menschen nach seinem Abbild, nach Gottes Bild schuf er ihn, als Mann und Frau erschuf er sie. Gott segnete sie und sprach zu ihnen: »Seid fruchtbar und mehrt euch, füllt die Erde und macht sie untertan und herrscht über des Meeres Fische, die Vögel des Himmels und alles Getier, das sich auf Erden regt!« Gott sprach weiter: »Seht, ich gebe euch alles Grünkraut, das auf der ganzen Erde Samen trägt, und

alle Bäume mit samenhaltigen Früchten; dies diene euch zur Nahrung! Allem Getier des Feldes und allen Vögeln des Himmels und allen am Boden kriechenden Tieren, in denen Lebenshauch atmet, gebe ich hingegen alles Grünkraut zur Nahrung.« Und es geschah so. Gott sah an alles, was er gemacht hatte, und fürwahr, es war sehr gut. Es ward Abend, und es ward Morgen: sechster Tag. So wurden vollendet der Himmel und die Erde und all ihr Heer.

Hiob 38,1–39,29:
Die Weisheit Gottes

Da antwortete der Herr dem Hiob aus dem Wettersturm und sprach: »Wer ist es, der den Weltenplan verdunkelt mit Gerede ohne Einsicht? Umgürte deine Hüften wie ein Held, so frag' ich dich, und kläre du mich auf! Wo warst du, als ich die Erde gründete? Gib Antwort, so Bescheid du weißt! Wer hat ihre Maße festgesetzt? – Du weißt es ja. Oder wer hat über ihr die Messschnur ausgespannt? Worauf sind ihre Sockel eingesenkt? Wer setzte ihr den Eckstein auf beim Jubelchor der Morgensterne, als insgesamt die Gottessöhne jauchzten? Und wer verschloss das Meer mit Türen, als schäumend es aus seinem Mutterschoß hervorquoll, als ich Gewölk zu seinem Kleid ihm machte, zu seiner Windel dunklen Nebel, als ich meine feste Grenze ihm entgegensetzte und Riegel sowie Türen daran legte, wobei ich sprach: Bis hierher magst du kommen, weiter nicht! Hier ist ein Halt für deine stolzen Wogen!

Das Morgenlicht

Hast du in deinem Leben je den Morgen herbefohlen, dem Frührot seinen Platz gezeigt, auf dass der Erde Säume es erfasse und Frevler von ihr weggeschüttelt werden? Sie wandelt sich gleich Siegelton (in Formen), (die Dinge) stehen da wie ein Gewand. Den Frevlern wird ihr Licht entzogen, zerschmettert der erhobene Arm.

Die Tiefen der Erde

Bist du bis zu des Meeres Quellen vorgedrungen und in des Ozeans Tiefe einhergewandelt? Taten sich dir die Pforten der Totenwelt auf, schautest du die Tore der Finsternis? Hattest du acht auf die weiten Flächen der Erde? Gib Antwort, so du sie völlig kennst!

Tag und Nacht

Wo ist der Weg zur Wohnung des Lichtes, und wo denn die Stätte des Dunkels, so dass du es einholen könntest in seinen Bereich, wüsstest die Pfade zu seinem Haus? Du weißt es doch; denn damals warst du geboren, und die Zahl deiner Tage ist gar groß!

Regen und Schnee

Kamst du bis zu den Speichern des Schnees, und sahst du die Kammern des Hagels, den ich aufgespart für die Drangsalszeit, für den Tag des Kampfes und Krieges? Wo ist der Weg zu dem Ort, wo das Licht sich verteilt, der Ostwind sich über die Erde zerstreut? Wer grub für die Regenflut eine Rinne, einen Weg für das Donnergewölk, um regnen zu lassen auf unbewohntes Land, auf die Wüste, darin niemand verweilt, um Öde und Öd-

land sattsam zu tränken und frisches Gras sprossen zu lassen? Hat der Regen einen Vater, oder wer zeugte die Tropfen des Taues? Aus wessen Schoß ging das Eis hervor, des Himmels Reif, wer hat ihn geboren? Gleichsam in einem Stein verbergen sich die Wasser, die Fläche der Flut schließt sich zusammen.

Gestirne und Wolken

Kannst du die Bänder knüpfen des Siebengestirns oder die Fesseln des Orion lösen? Lässt du zur rechten Zeit die Hyaden aufgehen, leitest die Löwin samt ihren Jungen? Kennst du die Gesetze des Himmels und überträgst seine Schrift auf die Erde? Erhebst du deine Stimme zur Wetterwolke, dass eine Wasserwoge dich bedecke? Sendest du die Blitze, so dass sie gehen und zu dir sprechen: ›Hier sind wir‹? Wer verlieh untrügliche Weisheit, oder wer gab Einsicht dem Hahn? Wer zählt mit Weisheit die Wolken ab, und die Schläuche des Himmels, wer schüttet sie aus, so dass sie in Schlamm den Staub umformen und die Schollen fest aneinanderkleben?

Löwe und Rabe

Erjagst du Beute für den Löwen und stillst der Junglöwen Hunger, wenn sie in Verstecken sich ducken, im Gebüsch auf der Lauer liegen? Wer bereitet dem Raben sein Futter, wenn seine Jungen schreien zu Gott, wenn sie umherirren ohne Nahrung?
Weißt du die Gebärzeit der Steinböcke, überwachst du das Werfen der Hirschkühe? Zählst du die Monate, die sie brauchen, und weißt du ihre Gebärzeit? Sie kauern sich nieder, werfen ihre Jungen, entlassen ihre Leibes-

frucht. Ihre Jungen erstarken, werden groß im Freien, laufen davon und kehren nicht wieder.

Wildesel

Wer ließ den Wildesel frei entlaufen, des Bergesels Fesseln, wer schloss sie auf? Ich bestimmte ihm zur Behausung die Steppe, zu seiner Wohnung die salzige Trift. Er verspottet das Getümmel der Stadt, das Geschrei des Treibers hört er nicht. Die Berge sucht er nach Weide ab, und jeglichem Grün spürt er nach.

Büffel

Wird der Büffel dir willige Dienste tun, wird er an deiner Krippe verbleiben? Kannst du den Büffel an eine Furche fesseln, die das Leitseil ihm weist, oder pflügt er die Täler hinter dir her? Vertraust du auf ihn, weil groß seine Kraft, und kannst du ihm deine Arbeit überlassen? Glaubst du von ihm, dass er heimbringt deine Ernte und sie nach deiner Tenne schafft?

Vogel Strauß

Gar lustig schlägt der Straußenhenne Flügel! Ist die Schwinge zärtlich und auch das Gefieder? Nein, sie gibt der Erde ihre Eier preis, lässt warm sie werden auf dem Staub; und sie vergisst, dass sie ein Fuß zerdrücken, das Wild des Feldes sie zertreten kann. Hart behandelt sie die Jungen, als gehörten sie nicht ihr; war auch vergeblich ihre Mühe, es erschreckt sie nicht. Denn Gott ließ sie die Weisheit vergessen und gab ihr keinen Anteil an Verstand. Sobald sie aber aufgerichtet mit den Flügeln rudert, spottet sie des Rosses und des Reiters.

Das Kriegsross

Gibst du dem Rosse Heldenkraft, bekleidest du mit einer Mähne seinen Hals? Kannst du es wie einen Heuschreck springen lassen? Furchtbar ist sein stolzes Wiehern. Es scharrt im Kampfgefilde voller Freude, mit Kraft zieht es dem Waffengang entgegen. Es spottet der Furcht und kennt keine Angst, macht vor dem Schwerte nicht kehrt. Der Köcher klirrt über ihm, die blitzende Spitze von Lanze und Speer; mit fieberndem Toben schluckt es den Boden und steht nimmer still beim Klang des Hornes. Wenn erst das Horn ertönt, wiehert es ›Hui‹, wittert den Kampf schon von weitem, der Führer Rufen und Schlachtenlärm.

Falke und Adler

Kommt es von deiner Einsicht, dass der Falke sich aufschwingt, seine Flügel ausbreitet nach dem Süden zu? Oder fliegt auf deinen Befehl der Adler so hoch und baut seinen Horst in der Höhe? Auf dem Felsen wohnt und nächtigt er, auf der Felsenzacke und steilen Wand. Von dort erspäht er die Beute, und ins Weite schauen seine Augen.«

Psalm 104: Lob der Schöpfung

Preise, meine Seele, den Herrn! Herr, mein Gott, du bist gewaltig groß. In Pracht und Hoheit hast du dich gekleidet; Licht hüllst du dir um wie einen Mantel. Du bist es, der den Himmel ausspannt wie ein Zeltdach, der das

Grundgebälk für seine Kammern in den Wassern festigt, der sich als Wagen Wolken ausersieht, einherfährt auf des Windes Flügeln, der sich die Winde macht zu seinen Boten, zu seinen Dienern Feuerflammen, der auch die Erde fest auf ihre Pfeiler stellte, so dass sie nie und nimmer wankt. Einst hat die Urflut sie bedeckt wie ein Gewand, selbst auf den Bergen standen Wasser. Vor deinem Scheltwort flohen sie, vor deiner Donnerstimme wichen sie erschreckt. Hatten sie die Berge erstiegen, so sanken sie ab in die Täler, an den Ort, den du ihnen bestimmtest. Eine Grenze hast du gesetzt, die dürfen sie nicht überschreiten; sie dürfen nie wieder die Erde bedecken. Du bist es, der in die Täler Quellen entsendet; zwischen den Bergen rieseln sie hin. Allen Tieren des Feldes spenden sie Trank, die wilden Esel löschen ihren Durst. Daneben nisten die Vögel des Himmels; sie singen ihr Lied aus den Zweigen. Du bist es, der die Berge tränkt aus seinen Kammern. Vom Segen deiner Schöpfungswerke wird die Erde satt. Gras lässt du sprossen für das Vieh, Gewächse für die Feldarbeit des Menschen, um Brot aus der Erde hervorzubringen und Wein, der das Herz des Menschen erfreut; dass vom Öl das Antlitz erglänze und Brot das Menschenherz stärke. Die Bäume des Herrn trinken sich satt, die Zedern des Libanon, die er gepflanzt. Dort nisten die Vögel, der Storch, der auf Zypressen sein Nest hat. Die hohen Berge gehören dem Steinbock, Felsen bieten den Klippdachsen Zuflucht. Du bist es, der den Mond erschuf zum Zeitenmaß; die Sonne kennt die Stunde ihres Untergangs. Schickst du Finsternis, so wird es Nacht. In ihr schleicht alles Waldgetier umher. Die Löwen brüllen nach Raub; sie verlangen von

Gott ihre Nahrung. Strahlt die Sonne auf, dann verkriechen sie sich und lagern in ihren Höhlen. Nun geht der Mensch an seine Arbeit und an sein Tagewerk bis gegen Abend. Wie zahlreich sind doch deine Werke, Herr! Sie alle schufest du in Weisheit, die Erde ist erfüllt von deinem Eigentum. Da ist das Meer, so groß und weitumfassend, darin Gewimmel ohne Zahl: Lebewesen, klein und groß! Schiffe ziehen dort einher, der Seedrache, den du geformt, damit er darin spiele. Sie alle warten auf dich, dass du ihnen Speise gebest zur rechten Zeit. Gibst du ihnen, so sammeln sie ein, öffnest du deine Hand, so werden sie satt an Gutem. Verbirgst du dein Antlitz, dann werden sie erschüttert; ziehst du ihren Odem zurück, dann verscheiden sie und kehren zu ihrem Staub zurück. Sendest du deinen Odem aus, so werden sie wieder erschaffen, und du erneuerst die Fläche der Erde. Ewig währe der Ruhm des Herrn! Es freue sich der Herr an seinen Werken! Er blickt auf die Erde – da zittert sie; er berührt die Berge – da rauchen sie. Dem Herrn will ich singen mein Leben lang, meinen Gott lobpreisen, solange ich bin! Möge ihm meine Betrachtung gefallen! Ich selbst finde meine Freude im Herrn. Von der Erde sollen die Sünder verschwinden, und Gottlose soll es nicht mehr geben!

Meditation

Drei Texte, die von der Größe Gottes sprechen, die in seiner Schöpfung erfahrbar wird. Drei Texte, die den Menschen in die ihm eigentlich zugedachte Beziehung zu dieser Schöpfung und damit auch zu Gott setzen. Wir sind als Menschen ein gottgeliebter Teil dieser Schöpfung, nicht die Schöpfer selbst.

Ein nicht geringer Teil unserer täglichen Mühen und unserer geistlichen und seelischen Verwirrungen ist wohl dem Umstand zuzuschreiben, dass wir diese Relation in ihr Gegenteil verkehren. Aus der Vorstellung, wie müssten die Welt, die Natur, die Schöpfung und also auch unser Leben selbst und völlig allein beherrschen, entsteht nicht nur ein schmerzhafter Hochmut, sondern auch ein vernichtendes Gefühl von Überforderung. Je nach Temperament reagieren wir auf ständige Überforderung in der Regel entweder mit Gegenangriff und Zorn, also eher aggressiv, oder wir werden traurig und verkümmern, reagieren also eher depressiv.

Beide Haltungen lassen uns eng und verkrümmt werden, und eben das ist es, was Luther als »Sünde« – als Getrenntsein von Gott – beschreibt. Der von Gott getrennte Mensch ist ein »homo incurvus in se« – ein in sich selbst verkrümmter Mensch, der den Blick nicht mehr erhebt und nicht mehr wahrnimmt, dass es Größeres gibt als das eigene menschliche Vermögen. Nämlich die Liebe, vor allem die Liebe Gottes zu uns.

Um also aus der Enge und der Verkrümmtheit herauszukommen, ist es hilfreich, als Erstes einfach einmal »den Blick zu heben«. Für eine Zeit wahrzunehmen, einfach nur wahrzunehmen, was mich umgibt an Zeichen und Hinweisen aus der Fülle Gottes, die sich mir zuneigt und mich umfängt wie ein schützender und wärmender Mantel.

Übungen

Am Morgen

Beginnen Sie bitte damit, mit sich und mit Gott eine feste Zeit und einen festen Ort zu »verabreden«, der in den folgenden Wochen sozusagen Ihr »Treffpunkt«, Ihr gemeinsamer und geschützter »Lebensraum« wird.

Richten Sie diesen Ort so ein, wie es im Kapitel »Anleitung zur eigenen Übungspraxis« und dort unter »Ort und Zeit der Übung« beschrieben wird.

Finden Sie sich dann zu Ihrer Zeit an diesem Ort ein.

Lassen Sie sich ein paar Augenblicke Zeit, um wirklich dort anzukommen. Dazu ist es hilfreich, den eigenen Leib für einen Moment bewusst zu spüren.

Wie sitze ich da? Wo berühren die Füße oder – in einer knienden Haltung auch die Beine – den Boden? Wo spüre ich meine Sitzfläche? Ist es angenehm so, oder zu hart oder zu weich? Wie fühlen sich mein Bauch, mein Rücken, meine Schultern an?

Ich versuche bewusst, gerade die Schultern, auch die Halsmuskulatur und den Unterkiefer zu entspannen, lasse meine Stirn weich werden, die Augen sich entspannen und lasse mich einfach atmen.

Lasse den Atemstrom gerade zu den Bereichen meines Leibes fließen, die verspannt sind, die sich müde oder schmerzend anfühlen. Ich versuche, eine Haltung zu finden, die keine zusätzlichen Verspannungen begünstigt, die mich aber dennoch aufrecht und wach hält.

Und lasse mich atmen, nehme wahr, was ist und wie es mir jetzt gerade geht, und lasse es jetzt so sein.

Dann wende ich meine innere Aufmerksamkeit dem zu, mit dem ich diese Zeit und diesen Raum jetzt teilen möchte.

Ich lade ihn ein auf meinen Platz und in mein Herz und bitte ihn, mich und diese Zeit so anzunehmen, wie ich jetzt gerade bin.

Ich muss nichts leisten, nichts können, es genügt, einfach da zu sein und diese Zeit, meine Gedanken und Gefühle ihm hinzuhalten.

Ich finde ein Gebet, mit dem ich den Beginn der eigentlichen Meditationszeit bezeichne, mit dem ich mich auf Ihn hin ausrichte.

Es kann eines der vorgeschlagenen Gebete sein, wie sie in dem Kapitel »Gebete und begleitende Rituale« (S.177) zu finden sind.

Schön ist es, wenn Sie im Laufe der ersten Tage zu einem eigenen »Begehrensgebet« finden, das Ihre ganz eigenen, auf Ihre jetzige Situation geformten Worte und Herzensgedanken ausspricht. In jedem Fall beginnen Sie mit diesem Gebet die eigentliche Übungszeit.

Anschließend lesen Sie bitte die drei vorgeschlagenen biblischen Texte.

Beim ersten Lesen kommt es nicht darauf an, sie genau zu verstehen, kein Wort zu verlieren, sich sofort über Entstehungszeiten oder Bedeutungsebenen klarzuwerden.

Das erste Lesen ist eher wie ein Schweben über den Texten, so wie zu Beginn der Schöpfungsgeschichte beschrieben wird, dass »der Geist Gottes über den Wassern« schwebte.

So »schwebt« nun mein menschlicher Geist über den Worten der Heiligen Schrift und schaut, wo ein Ort, ein Wort, ein Gedanke ist, auf dem ich mich niederlassen kann, der mich einlädt oder auch fordert, herausfordert.

Wo regt sich mein Herz? Wo bin ich auf die eine oder andere Art angerührt, gemeint?

Wenn sich diese Berührung gleich beim ersten Text einstellt, können Sie gern dabei verweilen. Es kann besser sein, gerade diesem ersten Gefühl zu trauen, als es durch zu viel andere Wörter dann zu überlagern und zu verdrängen. Die anderen Worte und Texte bleiben Ihnen ja erhalten, sie sind dann vielleicht für einen späteren Zeitpunkt bestimmt.

Wenn Sie auf diese Weise Ihren Text gefunden haben, verweilen Sie darin. Lesen Sie ihn ruhig einmal laut vor – mit hörendem Herzen und hörenden Sinnen.

Lauschen Sie dem Klang der Worte, dem Klang Ihrer eigenen Stimme und nehmen Sie wahr, welche Bilder und Gefühle sich dabei einstellen.

Welche das auch immer sein mögen, lassen Sie sie wahr sein, aber halten Sie sie möglichst nicht fest. Wenn Bilder auftauchen, lassen Sie sie ebenfalls da sein, aber halten Sie sie nicht fest. Wenn Sie länger bei einem Wort, einem Gedanken verweilen, ohne dass Sie sich dafür anstrengen müssen, dann lassen Sie das zu, vielleicht führt es Sie zu einem anderen Erfahrungsraum, der sich beim ersten Lesen noch gar nicht erschlossen hat.

Nachdem Sie den Text einmal ganz gelesen haben, fangen Sie wieder von vorn an – langsam, behutsam. Wenn Sie in einer Meditationszeit nicht über den ersten Vers hinauskommen, dann ist eben dies heute das wichtigste Wort für Sie. Das Gleiche gilt für jedes andere Wort oder jeden anderen Vers, der sich an Ihnen festhält und mitgehen möchte.

Nach der vorher festgelegten Zeit – wenn es geht, 15 bis 20 Minuten, aber nicht weniger als 15 Minuten, weil sonst der Leib und die Seele keine Chance haben, auch nur halbwegs ruhig zu werden – beenden Sie die Lektüre, egal, wie weit Sie gekommen sind, egal, welche Gedanken und Gefühle Sie hatten oder nicht hatten.

Beenden Sie die Zeit immer mit einem Gebet – auch hierzu sind Vorschläge in dem Kapitel »Gebete und begleitende Rituale« enthalten, aber besser noch ist Ihr eigenes – und vielleicht einer Geste, die für Sie passend ist. Eine Geste, in der sich der Dank für die geschenkte Zeit zeigt und die Hingabe dieser Zeit an Seine Barmherzigkeit, ganz unabhängig davon, wie diese Zeit sich konkret angefühlt oder gestaltet hat.

Diese Übung wird in der ersten »Zeit« oder der ersten »Woche« jeden Morgen wiederholt. Als Textgrundlage dient dabei der Text, der Sie zuerst angesprochen hat. Es ist gut, wenn Sie ihn im Laufe der nächsten Tage wirklich langsam, Wort für Wort und Vers für Vers meditieren. Ganz langsam werden Sie den Text mit allen Sinnen »begreifen«, und wenn es geschenkt wird, dann wird er Sie ergreifen.

Erst wenn Sie das Gefühl haben, dass Sie Ihren Text wirklich ganz »verkostet« haben, Sie aber trotzdem noch in der Übung der Wahrnehmung bleiben möchten, gehen Sie über zum zweiten Text.

Die Frage, wann der Übergang zur »zweiten Woche« hilfreich ist, wird am Ende dieses Kapitels angesprochen.

Am Abend

Es ist sicher hilfreich, ein kleines Büchlein vorzubereiten, in dem Sie stichwortartig die wichtigsten Bewegungen festhalten. Das Wissen um dieses Büchlein entlastet Sie während der Meditation von der Vorstellung, dass Sie sich alles merken müssten, was geschieht (das würde Sie nur vom gegenwärtigen Augenblick ablenken), und ermöglicht es, sich immer wieder einmal an den schon zurückgelegten Weg zu erinnern und anhand des Verlaufes eine Richtung zu erkennen.

Es kann eine gute Form sein, diese Erinnerung auf den Abend zu legen. In jedem Fall schließt es den Tag im Sinne der Exerzitien ab, wenn Sie sich noch eine kurze Weile in Ihrer Meditationsecke gönnen und den Tag mit dem Gebet der liebenden Aufmerksamkeit beschließen (siehe »Gebete und begleitende Rituale«). Danach könnten Sie dann ein paar Stichworte notieren, da Sie ohnehin gerade den Tag mit seinen Bewegungen vor Ihren Augen und im Herzen gesehen haben.

Tagsüber

In dieser ersten Woche – dieser ersten Zeit – geht die Übung noch über die eigentliche Meditationszeit hinaus.

Vermutlich werden Sie jeden Tag irgendeinen kleinen Weg im Freien gehen. Den Weg vom Wohnhaus zum Parkplatz oder zum Bahnhof oder zur Haltestelle. Den Weg zum Arbeitsplatz oder zum Einkaufen. Einen kleinen Weg von hier nach dort, der Ihnen so vertraut ist, dass Sie ihn nicht suchen müssen.

Noch besser ist es, wenn Sie jeden Tag einen kleinen Spaziergang unternehmen könnten, etwa eine viertel oder eine halbe Stunde lang. Wenn das aber aufgrund des dichtgefüllten Tagesablaufes schwer oder gar nicht einzurichten ist, genügt auch einer der kleinen »Alltagswege«.

Vielleicht ist es aber möglich, dass Sie einmal in der Woche eine Stunde für einen ausführlichen Spaziergang reservieren.

Während Ihres Weges üben Sie sich ein in die einfache Wahrnehmung der Natur und der Schöpfung, die Sie umgibt und die alle drei Texte beschreiben.

In der Wahrnehmung sehe ich die Geschöpfe um mich herum und mich selbst darin bewusst und staunend an. Ich öffne meine Sinne, höre bewusst, gerade auch die leisen Töne, ich schaue bewusst, gerade auch auf die kleinen Formen und Gestalten am Weg. Ich fühle den Boden unter meinen Fußsohlen und spüre die Luft auf der Haut meines Gesichtes.

Und ich nehme staunend wahr, dass ein Baum, eine Blume zwischen Mauersteinen, ein kleiner Vogel auf dem Weg, das Tageslicht, der Regen, die alte Frau an der Haltestelle, dass meine eigenen Füße, die den Weg gehen, und meine Augen, die alles das sehen, dass all diese Ereignisse und Gegebenheiten keine Selbstverständlichkeit sind, sondern Hinweis und Kraft und Zeichen – Zeichen dafür, dass hinter alldem ein schöpferischer und unendlich liebender Gott wirkt, der unsere Welt und mich darin bis zu diesem Augenblick erhält und belebt und versorgt mit dem Lebensnotwendigen, ganz unabhängig von meinen Gefühlen, meinen Gedanken, meinen Meinungen und Wertungen. Vor alldem steht die einfache Tatsache, dass ich lebe, und zwar nicht allein und schon gar nicht aus eigener Kraft, sondern zutiefst verbunden mit allen Geschöpfen und allein aus der Kraft und in der Liebe Gottes.

Immer wieder übe ich mich ein in dieses Schauen und Staunen und lenke meine Wahrnehmung dabei auch auf meinen eigenen Atem – jenen Lebensstrom, der fühlbar meine innere Lebenswelt mit der äußeren verbindet, der mich sinnfällig mit aller Kreatur in einem gemeinsamen Lebensrhythmus hält und aus der gleichen Luft leben lässt.

Dieser Atem wird mir erhalten, ganz gleich, wo und wie ich mich befinde – ob auf der Straße oder in meiner Meditationsecke, ob wachend oder schlafend, ob glücklich oder verzweifelt. Es atmet in mir, Er atmet in mir – bis zu meinem letzten Atemzug, mit dem ich hinübergeatmet werde in Sein Ewiges Leben.

Wenn ich dies wirklich zu spüren beginne, dann beginnt sich die Ahnung einzustellen, dass mich tatsächlich gar nichts aus Seiner liebenden Schöpfungsgegenwart reißen kann – weder innere oder äußere Geschehnisse, weder Tod noch Teufel, weder andere Menschen noch andere Aufgaben, schon gar nicht meine eigenen Sorgen oder Ängste. Nichts, gar nichts gibt es, wo Er nicht auch wäre und mich umgibt mit Liebe und Fürsorge – auch wenn es nicht immer gleich spürbar ist.

In diese überwältigende und grundlegende Gewissheit übe ich mich ein in dieser ersten Woche, der ersten Exerzitienzeit. So lange, bis ich bereit bin für den nächsten Schritt.

Beobachtungen

Die Übung der Aufmerksamkeit, dieses scheinbar so einfache Bleiben an einem Ort, ist eine der schwersten Übungen überhaupt, obwohl sie zugleich die Grundübung für alle weiteren Schritte ist.

Im Folgenden werden einige Fragen aufgenommen, die Übende immer wieder gestellt haben. Es kann sein, dass Ihr Erleben und Ihre Erfahrungen dabei nicht genannt sind. Nehmen Sie sie trotzdem ernst und nehmen Sie sich selbst ernst genug, über Ihre Erfahrungen mit einem anderen Menschen ins Gespräch zu kommen.

Immer wieder gestellte Fragen und wiedergegebene Beobachtungen sind unter anderem:

Ich kann mich nicht konzentrieren, meine Gedanken jagen ständig umher.

Zunächst: Achtsamkeit und Aufmerksamkeit ist nicht dasselbe wie Konzentration.

Konzentration beschreibt die Bündelung der Gedanken auf einen Punkt, während alle anderen Eindrücke möglichst »ausgeschaltet«, aus der Wahrnehmung ausgeblendet werden. Konzentration wird bei intellektuellen Anforderungen verlangt, beim Autofahren ebenso wie bei Prüfungen. Konzentration ist daher für den Geist und die Seele eher anstrengend und erzeugt meist Ermüdung. Man muss sich nach einer Weile ausruhen, eine andere Tätigkeit wählen, um den Geist zu entspannen.

Die Achtsamkeit oder Aufmerksamkeit weitet dagegen den Geist. Ich richte meine Gedanken gerade nicht auf nur einen bestimmten Punkt, sondern öffne meine Sinne auf alles, was mich umgibt, ohne aber etwas davon speziell fixieren und intellektuell analysieren zu wollen.

Achtsamkeit und Wahrnehmung sind vergleichbar einer weiten, offenen Schale, in der Wasser enthalten ist. Wenn ich an den äußeren Schalenrand tippe, wird sich die Wasseroberfläche nur an dieser Stelle leicht bewegen, während die übrige Fläche ruhig bleibt: Je enger das Gefäß, desto höher schlagen die Wellen auch bei leiser Berührung am Rand.

Ungefähr so ist es mit dem eigenen Geist. Je weiter ich ihn öffne, je absichtsloser ich die Welt betrachte, desto ruhiger wird die innere Bewegung. Eine wahrnehmende und achtsame Haltung ist daher nicht anstrengend, sondern eher entspannend, ohne aber einzuschläfern.

Dass die Gedanken hin und her jagen, ist normal. Wir sind gewohnt, dauernd sehr viele Außenreize blitzschnell zu erkennen, zu bewerten, einzuordnen. Diese gedankliche Tätigkeit läuft meist nur halb- oder ganz unbewusst, denn bevor ich mir dessen bewusst werde, sind schon die nächsten vielfältigen Reize und Sinneseindrücke auf mich eingestürmt, die wiederum verarbeitet werden müssen. Unser digitales Hightech-Zeitalter beschleunigt diese ständige überschnelle Gedankentätigkeit nur immer mehr.

Was sich da also alles im eigenen Kopf abspielt, merkt man in der Regel erst, wenn es still wird. Sei es, weil ich in einem stillen Raum und bei nur einer einzigen Tätigkeit verweile, sei es, weil ich in der Natur keine konkrete gedankliche Aufgabe, sondern nur die Aufgabe der Sinneswahrnehmung habe. Die Gedanken sind für einen Moment nicht wichtig – und schon jagen sie umher »wie eine Horde Affen«, wie es in traditionellen Wegbeschreibungen heißt.

Die einzige Übung im Umgang mit dieser »Affenhorde« ist, sie nicht wichtig zu nehmen. Ich nehme auch sie wahr, ebenso wie alles andere, das mich umgibt, aber ich schenke ihr nicht mehr Aufmerksamkeit – eher ein bisschen weniger.

Sobald ich feststelle, dass ich bei einem Gedanken »hängengeblieben« bin – und sei er noch so bedeutend –, lenke ich meine Aufmerksamkeit sofort wieder auf meine Sinneswahrnehmung: das Hören, das Sehen, das Fühlen. Wenn der Gedanke wirklich bedeutend war, wird er wiederkommen. Wenn nicht, dann war er eine unwichtige Ablenkung.

Diese Wahrnehmungsübung ist ebenso einfach wie langwierig. Es dauert, bis dieser Wechsel der Aufmerksamkeit leicht und fließend geschieht. Aber es lohnt sich, beharrlich in der Übung zu bleiben und die Größe und Weite des Lebens zu bestaunen.

Wenn ich wahrnehme, was um mich ist, werde ich immer nur traurig. Die Bäume in meiner Straße sind krank, die Luft stinkt nach Abgasen, und die Tauben sind oft verkrüppelt. Was soll daran schön sein?

Nein, schön ist das sicher nicht, jedenfalls nicht, wenn Schönheit verstanden wird als eine ästhetische Qualität im Vergleich zum Hässlichen.

Aber es geht bei der Wahrnehmungsübung gar nicht um die Bewertung von Qualitäten, es geht überhaupt nicht ums Bewerten. Denn etwas zu bewerten ist wieder eine mentale Aktivität, und gerade die ist nicht in der Mitte des Interesses. Der Hang zur Bewertung wird sich immer wieder einstellen, weil wir von Kind auf erzogen werden, alles zu bewerten. Das ist auch für sehr viele Lebensbereiche sicher hilfreich – aber nicht für den Beginn des spirituellen Weges. Hier geht es darum, den Sinn wieder zu entdecken, mit dem ich die Gegenwart Gottes spüren, erkennen kann – und diese Gegenwart ist viel größer als all unser Denken und Bewerten.

Aber etwas anderes ist wichtig an der Frage – nämlich der Hinweis auf das Gefühl, bei der Übung der

Wahrnehmung traurig zu werden. Es kann sein, dass in dem Übenden einfach ganz viel Traurigkeit ist, die sich, da ihr eigentlicher Grund nicht mehr oder noch nicht bekannt ist, an alles »ankettet«, was Anlass zur Traurigkeit bietet. Das hat zur Folge, dass tatsächlich nur noch die dunklen Seiten der Welt wahrgenommen werden und so das gesamte Leben bedrücken.

Die Person, die hier spricht, nimmt nur die kranken Bäume, die kranken Vögel, die ungesunde Luft wahr. Aber natürlich gibt es auch andere Sinneseindrücke, die sie aber im Moment nicht erreichen.

Die nächste Frage könnte also sein, herauszufinden, woher diese große Traurigkeit kommt oder worauf sie aufmerksam machen will.

Das ist dann aber schon eine mögliche Frage für die »zweite Woche«. Im Augenblick besteht die Übung darin, die Traurigkeit wahrzunehmen, ihr aber keine große Bedeutung beizumessen. Sie ist ebenso da wie die Luft und die Geräusche und der Atem, der sie erfüllt.

Ich denke dauernd, dass es doch Wichtigeres geben muss, als solche Sachen zu üben. In Afrika verhungern Kinder und ich gucke Blümchen an.

Es stimmt, in Afrika, und nicht nur dort, verhungern Kinder. Es braucht sehr viel Kraft, psychische und spirituelle Kraft, um in dieser Welt zu leben und dem Leiden in der Welt nicht auszuweichen.

Die Übungen, denen wir auf dem Exerzitienweg begegnen, haben letztlich den Sinn, in dieser Welt, so wie sie heute ist, aufrecht, verantwortlich und in Verbundenheit mit der Gegenwart Gottes zu leben und sie womöglich zu gestalten – jedenfalls aber das Leiden mitzutragen und ihm nicht auszuweichen.

Diesem Verbundensein mit der (Leidens-)Kraft Gottes, vor allem aber mit Seiner Erlösungstat dient die Übung der Aufmerksamkeit, auch wenn das im Moment nicht sofort erkennbar ist.

Am Ende der Exerzitien werden wir genau auf diesen Punkt zurückkommen.

Aber nicht jetzt.

Etwas anderes ist für diesen Augenblick des Weges viel wichtiger: Es könnte sein, dass dieses Gefühl, Dringenderes zu tun zu haben, einfach nur ein Ausdruck ist von Langeweile, Überdruss und dem Gefühl, selbst im Moment wichtiger zu sein als alle Übung, alle Schöpfung und als die einladende Gegenwart Gottes. Diese »Versuchung«, diese Ablenkung ist ein dauernder, wenn auch nicht gerade geliebter Gast bei jeder geistlichen Übung. Dennoch ist es hilfreich, sich beizeiten an solche »Ablenkungsmanöver« zu gewöhnen und sie als das zu betrachten, was sie sind: Störungen aus dem aufgewühlten Geist oder der unruhigen Seele, die genau wie alle anderen Phänomene wahrzunehmen, aber nicht wichtig sind. Sie gehen vorbei wie alle anderen Gedanken und Gefühle, wenn ich ihnen keinen Raum einräume. Sobald also eine solche Idee vorbeikommt, nehme ich sie wahr, lasse sie vergehen und bleibe in der Übung.

Ich war ganz anwesend in der Natur. Ab und zu dachte ich an den Text aus der morgendlichen Lesung, aber ei-

gentlich war ich einfach nur da. Manchmal hat mich etwas sehr berührt, so dass ich für einen Moment glücklich war. Manchmal spürte ich plötzlich einen Zorn auf uns Menschen, weil wir so mit der Natur umgehen. Aber eigentlich war ich ziemlich ruhig. Einmal hatte ich das Gefühl, dass nicht ich die Natur und die Kraft Gottes ansehe, dass ich selbst ein Wesen unter anderen bin, sehr verbunden mit allen anderen und mit Gott.

Ja, das ist der Weg. Um diese Erfahrungen geht es, und es ist gut, sich dieses Gefühl und diese Wahrnehmung zu merken, um später unterscheiden zu können, welche Qualität eine Wahrnehmung hat – ob sie aus dieser Haltung der Achtsamkeit und aus der Gegenwart Gottes kommt, oder ob sie aus einer anderen Richtung herrührt.

Rückblick und Ausblick

Wann ist es Zeit, in die »zweite Woche« zu gehen?

Erst dann, wenn Sie das Gefühl haben, dass die morgendliche Schriftbetrachtung, der abendliche Tagesrückblick und die tägliche Wahrnehmungsübung Ihnen keine Mühe mehr machen.

Das muss nicht bedeuten, dass sie »Spaß« macht oder immer angenehm ist. Sie sollte nur selbstverständlich geworden sein.

Vielleicht können Sie spüren, dass Ihre Präsenz eine andere ist, wenn Sie in der Haltung der wertfreien Wahrnehmung sind, als wenn Sie in der Haltung der intellektuellen Beobachtung, Bewertung und »Bearbeitung« des Lebens mit seinen Anforderungen stehen. Beide Haltungen haben ihren Ort und ihre Zeit, beide sind wichtig. Wenn Ihnen Ihr Vorgesetzter gerade eine neue Aufgabe vorlegt, ist Konzentration und intellektuelle Präsenz nötig, ebenso wenn Ihr Kind Ihnen von einem Missgeschick erzählt oder Ihr Partner oder Ihre Partnerin über eine anstehende kostspielige Reparatur sprechen möchte. Aber die Haltung der Achtsamkeit geht darüber hinaus, umfängt auch die mentale Tätigkeit und öffnet wie beschrieben den Blick für das Hier und Jetzt – und für die Gegenwart Gottes, die in alldem lebt und atmet.

Erst wenn Sie das Gefühl haben, dies jedenfalls augenblicksweise zu erleben, ist es Zeit für die zweite Woche.

Diese Alltagsexerzitien haben keine Eile. Sie müssen nicht in vier Zeitwochen absolviert werden. Wenn Sie das Gefühl haben, dass Sie doch schnell zu einer Entscheidung über eine Lebensfrage kommen müssen, dann empfehle ich Ihnen dringend das persönliche Gespräch mit einem geistlichen Begleiter oder einer geistlichen Begleiterin, um herauszufinden, welche Unterstützung für Sie jetzt hilfreich ist.

Wenn es aber keinen dringenden äußeren Anlass gibt, sondern Sie sich in Ruhe auf einen geistlichen Weg einlassen wollen, dann haben Sie Zeit.

Gott hat sie sowieso.

DIE ZWEITE WOCHE: DAS LEBEN JESU – DER EIGENE WEG

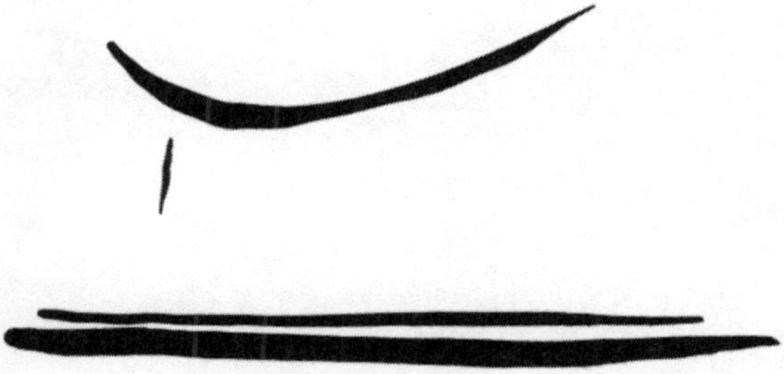

Es geht auf dem Weg durch die Exerzitien um nichts weniger als um das Leben.

Dieses Leben äußert sich auf verschiedenen Ebenen und in verschiedenen Sprachen – auf der körperlichen, der seelischen, selbstverständlich auch auf der spirituellen Ebene. In dieser zweiten Woche soll das Leben, und zwar in seiner ganz irdischen, diesseitigen und konkreten Gestalt, angeschaut und in das Licht Gottes gehalten werden. In der ersten Woche, der ersten Exerzitienphase wurde viel Wert gelegt auf das Erlernen oder Wiedererinnern der einfachen Wahrnehmung dessen, was jetzt ist. Nicht die Bewertung der Gegebenheiten war interessant, sondern das Sich-Einfühlen in die einfache Existenz der Geschöpfe um mich und meine eigene Existenz als geliebtes und gewolltes Gottesgeschöpf.

Das Anliegen der zweiten Exerzitienzeit besteht darin, genau mit dieser wertfreien Achtsamkeit nun Ihr gegenwärtiges Leben anzuschauen, hinzuspüren, wo sich dieses Leben friedvoll anfühlt und im Einklang mit der eigenen Hoffnung und Sehnsucht gelebt wird, aber wo es vielleicht auch Bereiche gibt, die in »Unordnung« geraten sind, die der Korrektur, des Ausgleichs und der Neuausrichtung oder der Heilung bedürfen.

Wenn ein Mensch die Exerzitien beginnt, liegt diesem Wagnis oft eine mehr oder weniger bewusste Frage zugrunde, eine Frage, die eine Antwort sucht und zu einer Entscheidung drängt. Häufig werden Exerzitien deshalb vor dem Übertritt in eine neue Lebenssituation gesucht: traditionell vor dem Eintritt in einen Orden oder in den Priesterstand bzw. auf einem geistlichen Weg jeweils vor dem Übertritt in einen weiteren Bindungsgrad auf diesem Weg der Nachfolge Jesu Christi. Dabei wollte der Exerzitant oder die Exerzitantin sich selbst noch einmal vergewissern, ob sie oder er denn wirklich in dieser Lebensspur unterwegs ist oder wo es möglicherweise Ablenkungen, Störungen, Hindernisse gibt, die nun zu überwinden sind. Dahinter stand dann jeweils die Frage, ob er oder sie wirklich auf diesem von ihm bzw. ihr gewählten Lebensweg weitergehen möchte oder ob inzwischen ein anderer Ruf ergangen ist, der in eine andere Lebensspur führt. Tatsächlich also setzte der Exerzitienweg bei dem Exerzitanten die Bereitschaft voraus, die jetzt gültigen Lebensumstände auch zu verändern bzw. verändern zu lassen, wenn sich zeigen sollte, dass genau dies jetzt der Wille Gottes sei.

Das hört sich relativ selbstverständlich an, setzt aber ein Höchstmaß an Vertrauen voraus: ein Vertrauen, das mich notfalls auch sichere und vertraute Lebensumstände aufgeben lässt – um einer je größeren Liebe willen.

Dieses »je größer«, lateinisch »magis«, ist eines der Schlüsselwörter für den Exerzitienweg des Ignatius. Denn Entscheidungen gleich welcher Art sind ja nur zu treffen, wenn ich ein Entscheidungskriterium bekomme, anhand dessen ich das Bessere vom Schlechteren, das für mich und meinen Weg Passendere vom Unpassenderen unterscheiden kann.

Dieses Kriterium ist das »magis«, das »je mehr oder je größere Liebe«. Um es wirklich und mit hörendem Herzen erkennen zu können, ist oft eine innere Reinigung oder Befreiung nötig. Ich muss frei oder zumindest unabhängig werden von vordergründigen Meinungen, Wertungen, Haltungen, Ängsten, und zwar sowohl meinen eigenen als auch denen der anderen – oder mir all dessen zumindest so bewusst werden, dass ich sie relativieren kann. Diese oder jene Meinung, Haltung, Bewertung ist jetzt vielleicht vertraut, sie ist bis heute für mein Leben prägend gewesen, aber jetzt stelle ich all das zur Disposition – und lasse mich rufen mit einem Ruf, der mir heute gilt.

Diese Bereitschaft zur Relativierung nennt Ignatius die Indifferenz. Wenn wir heute dieses Wort mit »Gleichgültigkeit« übersetzen, klingt darin oft Resignation oder Enttäuschung mit. »Ist doch alles egal« wäre die etwas saloppe Übersetzung. Davon aber ist Ignatius weit entfernt. Er meint dieses Wort tatsächlich in seinem Wortsinn, den ja auch unser deutsches Wort noch ganz klar in sich trägt: »Gleichgültigkeit«. Indifferenz im Sinne des Ignatius meint, dass vor den Augen und im Licht Gottes alles »gleich gültig« ist – wenn es denn nur von Ihm gutgeheißen, von Ihm grundgelegt und von Seiner Gnade erfüllt ist.

So ist die Einübung in diese Indifferenz ein Königsweg zur Gotteserfahrung, wenn Er sich uns nahen will: Nicht ich bestimme meinen Weg, nicht ich lege meine

Ziele und Absichten fest, sondern versuche so gut es geht und im Vertrauen auf die Hilfe Gottes von meinen Ansprüchen frei zu werden, meine Ängste auflösen zu lassen und mich ganz erfüllen zu lassen von Seinem Willen und Seiner Wahrheit.

Die jüdische Frau und Gottesmutter Maria spricht zu dem Engel, der ihr die Geburt Gottes in ihrem Leib ankündigt: »Mir geschehe, wie du gesagt hast.« Und Jesus Christus spricht vor Seiner Hingabe am Kreuz die Worte zu Gott: »Dein Wille geschehe.« Das ist die Haltung der Indifferenz – was immer Du, Gott, willst, ich will es auch.

Diese vollständige Hingabe an den Willen Gottes ist nur möglich, wenn ich zutiefst davon überzeugt bin, dass dieser Gotteswille nichts anderes beabsichtigt, als mich zum Leben, und zwar zu einem vollen, lebendigen Leben zu führen – wie auch immer und manchmal auch durch Trennungsschmerz, Abschied und Verzicht hindurch – um einer je größeren Liebe willen, die mich erst noch erwartet.

Diese Grundhaltung ist bis heute die Voraussetzung für einen Exerzitienweg, auch wenn nur noch wenige Exerzitant(inn)en sich mit der Entscheidung für einen Ordenseintritt tragen.

Die gleiche Haltung aber ist nötig im Blick auf die Frage, ob es mir in meinen Beziehungen gutgeht – zu Partner oder Partnerin, zu den eigenen Kindern und Eltern, zu mir selbst und in der Beziehung zu dem lebendigen Gott. Ist es so, wie es ist, wirklich gut und friedvoll und liebevoll, oder ist es eher aus Gewohnheit erträglich? Wäre es möglich, dass in irgendeiner dieser

Beziehungen noch eine größere Lebendigkeit liegt, die mehr Raum bekommen soll? Auch wenn sich dadurch möglicherweise etwas verändert in unserem Miteinander?

Die Frage, ob ich wirklich in der vor Gott für mich gewollten und erdachten Lebensspur lebe oder ob eine Veränderung um meines Lebens willen möglich und nötig ist, stellt sich im Blick auf meine Arbeit – sei es meine bezahlte Berufsarbeit oder auch ein Engagement im Ehrenamt. Ist es wirklich meine Aufgabe, zu tun, was ich tue? Und in welchem Maß tue ich es? Lebe ich in ständiger Überforderung, weil die Menge der Aufgaben zu viel ist oder weil ich mich dazu zwingen muss? Oder bin ich eher unterfordert, vielleicht durch Arbeitslosigkeit oder eine Arbeit, die mich weit unter meinen Möglichkeiten beansprucht?

Nicht immer lassen sich alle diese Umstände ändern, natürlich nicht. Aber es ist nötig, sensibel zu werden und zu bleiben für diese Umstände und die Frage, wie ich darin lebe, um vielleicht hier und dort eine zumindest kleine Korrektur vornehmen zu können – zumindest aber, um offen zu bleiben für die Chancen, die sich vielleicht erst in der Zukunft bieten.

Und schließlich stellt sich die Frage nach der Beziehung zu mir selbst, die ja in all den anderen Ebenen wesentlich enthalten ist. Wie gehe ich mit mir um? Wie nehme ich geistliche, seelische, körperliche Empfindungen und Ereignisse in mir selbst wahr?

Kann ich mich selbst akzeptieren, vielleicht sogar lieben?

Und habe ich gelernt, mit mir selbst liebevoll und

zugleich korrigierend umzugehen? Darf ich Fehler machen, oder verurteile ich mich für jede Unvollkommenheit?

Du wirst den Herrn, deinen Gott, lieben und deinen Nächsten wie dich selbst.

Das ist das höchste Gebot, von Gott dem Volk Israel anvertraut und von Jesus Christus bekräftigt. In diesem »Dreiklang«, besser »Vierklang zwischen Gott, den Nächsten, mir selbst und der zu lebenden Liebe schwingt das ganze Leben.

Die zweite Exerzitienwoche also hat die Aufgabe, dieses Wechselspiel anzuschauen, wahrzunehmen, zu erkennen, wo die Kraft Gottes und diese Liebe frei und lebendig wirken können und wo Störungen, Abbrüche, Verletzungen das Leben behindern.

Wie schon in der ersten Woche finden Sie nachfolgend wieder drei biblische Texte. Bitte verfahren Sie damit ebenso wie in der ersten Woche und finden Sie den Text, der Sie als Erstes anspricht.

Wenn Sie mit diesem Text eine Zeit gelebt haben, steht es Ihnen ganz frei, auch den zweiten und gar den dritten ebenfalls mit Ihrem Leben ins Gespräch zu bringen – oder umgekehrt.

Anders als in der ersten Woche werden Sie nach der Vorstellung der biblischen Texte zu jedem einzelnen sowohl eine kleine Meditation, dann einen Übungsvorschlag und weiterführende Beobachtungen finden. Bitte bleiben Sie zunächst bei den Texten, die zu »Ihrem« Bibeltext gehören, und lesen Sie die anderen erst dann, wenn Sie zu einem zweiten oder dritten biblischen Text übergehen.

Biblische Texte

Matthäus 3,13–17:
Die Taufe Jesu

Da kam Jesus aus Galiläa an den Jordan zu Johannes, um sich taufen zu lassen von ihm. Johannes aber hielt ihn zurück und sprach: »Ich habe nötig, von dir getauft zu werden, und du kommst zu mir?« Jesus antwortete ihm: »Lass es jetzt geschehen; denn so ziemt es uns, dass wir alle Gerechtigkeit erfüllen.« Da ließ er ihn zu. Als Jesus getauft war, stieg er sogleich aus dem Wasser herauf, und siehe, es öffnete sich ihm der Himmel, und er sah den Geist Gottes wie eine Taube herabsteigen und über sich kommen. Und siehe, eine Stimme vom Himmel sprach: »Dieser ist mein geliebter Sohn, an dem ich Wohlgefallen fand.«

Johannes 2,13–23:
Die Tempelreinigung

Es nahte sich das Pascha der Juden, und Jesus zog hinauf nach Jerusalem. Und er traf im Tempel die Verkäufer von Rindern, Schafen und Tauben und die Geldwechsler, die dort saßen. Da machte er eine Geißel aus Stricken und trieb alle zum Tempel hinaus mitsamt den Schafen und Rindern; das Geld der Wechsler schüttete er aus, stieß die Tische um und sagte zu den Taubenverkäufern: »Schafft dies fort von hier; macht das Haus meines Vaters nicht zu einer Markthalle!« Da erinnerten sich seine Jünger, dass geschrieben steht: »Der Eifer für dein Haus verzehrt mich.« (Ps 69,10) Die Juden aber erhoben Einspruch und sagten zu ihm: »Was für ein Zeichen weist du uns vor, dass du dies tun darfst?« Jesus antwortete ihnen: »Brecht diesen Tempel ab, und in drei Tagen will ich ihn aufrichten.« Da sagten die Juden: »Sechsundvierzig Jahre wurde an diesem Tempel gebaut, und du willst in drei Tagen ihn aufrichten?« Er aber redete vom Tempel seines Leibes. Als er daher von den Toten auferweckt war, erinnerten sich seine Jünger, dass er dies gesagt hatte, und sie glaubten der Schrift und dem Wort, mit dem Jesus davon gesprochen hatte. Während er nun beim Paschafest in Jerusalem war, glaubten viele an seinen Namen, weil sie seine Zeichen sahen, die er tat.

Johannes 5,1–9: Die Heilung eines Kranken am Teich Bethesda

Darauf war Festtag der Juden, und Jesus ging hinauf nach Jerusalem. In Jerusalem ist beim Schaftor ein Teich, der auf Hebräisch Bethesda heißt, mit fünf Hallen. In diesen lag eine Menge von Kranken, Blinden, Lahmen und Schwindsüchtigen, die auf die Bewegung des Wassers warteten. Ein Engel [des Herrn] stieg nämlich von Zeit zu Zeit auf den Teich hernieder und brachte das Wasser in Wallung; wer nun als Erster nach der Wallung des Wassers hineinstieg, wurde gesund, an welcher Krankheit er auch leiden mochte. Nun war dort ein Mann, der seit achtunddreißig Jahren an seiner Krank-

heit litt. Als Jesus ihn daliegen sah und erfuhr, dass er schon lange Zeit so daran war, sprach er zu ihm: »Willst du gesund werden?« Der Kranke antwortete ihm: »Herr, ich habe keinen Menschen, der mich in den Teich brächte, wenn das Wasser in Wallung kommt; denn während ich hingehe, steigt ein anderer vor mir hinab.« Jesus sprach zu ihm: »Steh auf, nimm dein Bett und gehe!« Und sogleich wurde der Mann gesund; er nahm sein Bett und ging einher.

Meditation zu Matthäus 3,13–17

Jesus, der verheißene Menschen- und Gottessohn kommt wie so viele seiner Zeit an den Jordan, um sich von diesem seltsamen Wüstenprediger Johannes taufen zu lassen.

Dieser Johannes ist sein eigener Großcousin, ihre Mütter sind verwandt und befreundet. Man kennt sich also in aller menschlichen Bedingtheit und Begrenztheit, weiß von den Vorlieben und Nöten des jeweils anderen, hat sich vielleicht gestritten und wieder vertragen und ist miteinander erwachsen geworden – der Priestersohn Johannes wird ein radikaler und wenig handsamer Prophet, der Tischlersohn Jesus bleibt vorerst unauffällig und unerkannt.

Nun begegnen sie sich in der Wüste und am fruchtbaren Jordanufer – und erkennen einander auf einer ganz neuen Wahrnehmungsebene. Johannes erkennt in dem jüngeren Handwerker plötzlich den verheißenen Messias – und dieser bestätigt dem Propheten seine

Erkenntnis, und er bestätigt ihn auch in seinem göttlichen Auftrag: »Lass es jetzt geschehen.« Übe dein Amt aus, tu, was dir aufgetragen ist, auch wenn der, der vor dir steht, über Amt und Auftrag steht.

»Der Mensch wird erst am Du zum Ich«, sagt der jüdische Religionsphilosoph Martin Buber. Erst in dem vorurteilsfreien Blick eines anderen kann ich erkennen und erfahren, wer ich wirklich bin und was meine tiefste Berufung ist.

Als den beiden Männern dieses gegenseitige Erkennen geschenkt wird, hat Jesus bereits dreißig Jahre im Haus seiner Eltern gelebt. Dreißig Jahre familiäre Bindung und Prägung, dreißig Jahre voller Kindheit, Pubertät, Jugend, Adoleszenz mit allen Chancen und Gefahren, die zu dieser Reifungszeit eines Menschen gehören.

Dann erst tritt er heraus aus seinem familiären System, aus seiner dörflichen Welt in Nazareth, tritt an das Ufer eines Flusses und damit an das Ufer seiner bisherigen Existenz.

In der Taufe des Johannes wird sakramental verdichtet und erfüllt, was in der Weisheit der Völker überliefert ist: Im Untertauchen (Taufe = Tauchen) im Fluss wandelt sich die Existenz eines Menschen, wird noch einmal ganz zurückgenommen in ihren Urgrund, um dann neu geboren zu werden aus dem Wasser des Lebens und in der Kraft des Geistes (vgl. Joh 3,5).

Dann aber, getaucht und getauft, gereinigt und gewandelt, geschieht eine neue »Familienbindung«, die alte menschliche wird, wenn auch nicht völlig ersetzt, so doch ausgeweitet und zurückgeführt zu Dem, von

Dem alle Beziehung ausgeht und ihren Sinn erhält: »Dieser ist mein geliebter Sohn, an dem ich Wohlgefallen fand.« Was im Evangelium von Jesus, dem eingeborenen Sohn Gottes, gesagt ist, gilt für alle, die das Leben Gottes in sich suchen und finden. Sie und wir alle sind »geliebte Töchter und Söhne«, an denen Er, der Ewige, Wohlgefallen findet.

Übung zu Matthäus 3,13–17

Dieser Text lädt ein, sich der eigenen Taufe zu erinnern und sich der eigenen Gotteskindschaft zu vergewissern. Für alle, die nicht getauft sind, gilt die Einladung dennoch: Das Hinabsteigen in den Fluss und das Eintauchen in das lebendige Wasser ist, wie schon gesagt, ein altes, in vielen Mythen auftauchendes (!) Bild für einen inneren Wandlungsweg, dem ein Mensch sich anvertraut.

Bevor ich den Schritt in die mentale Vergegenwärtigung wage, kann es hilfreich sein, sich der eigenen Herkunft, des eigenen Nazareth noch einmal bewusst zu werden und sich bewusst daraus zu verabschieden.

An dieser Stelle kommt eine für diese Übung wichtige Vorbemerkung:

Es geht in dieser Übung nicht um eine therapeutische Biographiearbeit, das kann und will dieses Buch nicht leisten. Deshalb: Wo immer ein Thema, ein Bild, eine Erinnerung auftaucht, die Sie ernsthaft irritiert, verunsichert oder bedrängt, versuchen Sie bitte nicht, dies al-

lein zu durchdringen, sondern sprechen Sie darüber mit Ihrem geistlichen Begleiter oder einem anderen Menschen, dem Sie vertrauen.
Diese Übung bereitet ein Abschiednehmen vor und setzt die Aufarbeitung belastender Erinnerungen und Geschehnisse voraus.

So nehme ich mir Zeit, mich zu erinnern.

Dies geschieht eingebettet in meine normalen Meditationszeiten am Morgen (oder zu der Tageszeit, die ich gewählt habe).

Die Struktur dieser Meditationszeit bleibt so, wie sie auf S. 82 (1. Woche, Übungen, Am Morgen) beschrieben worden ist.

Nach der Lektüre des biblischen Textes beginne ich mit einer inneren Reise zurück in mein eigenes »Nazareth«. Dabei stelle ich mir vor, dass ich nicht allein bin, sondern dass Jesus selbst als Mensch unter Menschen und als unerkannter Gottessohn an meiner Seite geht. Mit ihm gemeinsam gehe ich, schaue ich, erinnere ich mich – und lasse mich dabei von ihm halten, stärken, auch fragen und ermutigen. In Seiner liebevollen Gegenwart nehme ich noch einmal bewusst wahr, was hinter mir liegt.

Wo komme ich her? Aus welcher Stadt oder welchem Dorf? Wie sah das Haus meiner Eltern oder der Menschen aus, bei denen ich aufgewachsen bin?

Was hat mein Leben als Kind geprägt? Welche äußeren Bedingungen sind mir in Erinnerung – Geschwisterzahl, Art und Charakter der Eltern oder der Erziehungsberechtigten –, welche Rolle hat das Miteinander gespielt, wie war die materielle Situation der Familie? Hatte ich ein eigenes Zimmer und bekam ich, was ich wirklich brauchte?

Manchmal sind die nicht sichtbaren, nicht hörbaren Bedingungen sogar noch prägender: Was weiß ich über das Leben meiner Eltern vor meiner Geburt, über die Großelterngeneration und überhaupt über meine Familiengeschichte? Worüber wurde und wird vielleicht bis heute nicht gesprochen?

Welche Haltung haben meine Eltern dem Leben gegenüber eingenommen: Eher ängstlich, vorsichtig, unterordnend? Selbstbewusst gestaltend, dominierend? Eher dankbar und fröhlich oder eher pessimistisch und Unheil erwartend? Habe ich diese Haltung übernommen, bewusst oder unbewusst?

Welche anderen Personen und Ereignisse waren für meinen Lebensweg bis zu diesem Tag prägend?

Wie bin ich zu der oder dem geworden, die oder der ich heute bin?

Ich nehme die Bilder, Gedanken, Gefühle wahr, lasse sie aber auch wieder los und kehre aus meiner Erinnerung wieder in die Imagination zurück. Was immer ich auch sehe, in dieser Imagination bin ich nicht allein – Er selbst, der Sohn Gottes, ist mit mir.

Sobald ich merke, dass eine Erinnerung mich festhalten will, spüre ich Seine Gegenwart, nehme bewusst meinen Atem und meinen Leib wahr und verabschiede mich für diesmal aus der Imagination. Ich kehre zurück zum Wort Gottes im biblischen Text und lasse den Text meines vergangenen Lebens von dem Wort der Heiligen Schrift durchdringen. Was immer auch geschehen ist – Er selbst, das Wort Gottes, war auch dort und hat das Leben bewahrt bis heute.

Schließlich verabschiede ich mich für diesmal aus meinem Nazareth.

Mit Ihm an meiner Seite gehe ich an den Jordan, an die Grenze, die die Vergangenheit von der Zukunft trennt, und steige nun tatsächlich gemeinsam mit dem Menschensohn in den Fluss.

Ich stelle mir vor und lasse zu, dass das Wasser mich noch einmal aufnimmt, reinigt, durchdringt und wandelt. Ich überlasse mich dem Dasein in dieser allumfangenden Geborgenheit, lausche der Stille, weiß mich aufgehoben in diesem uranfänglichen Element, aus dem seit jeher das Leben geboren wurde.

Wenn es so weit ist, lasse ich mich aufsteigen, spüre die Luft und die Sonne auf meiner Haut und schaue den Himmel – der sich öffnet und mich diese Worte hören lässt: Du bist mein geliebter Sohn, du bist meine geliebte Tochter.

In dieser Zusage lasse ich mich verweilen, bis ich meine Meditationszeit in der gewohnten Weise beende.

Wieder kann es sehr nützlich sein, nach der Übungszeit ein paar Notizen aufzuschreiben. Im weiteren Verlauf des Tages versuche ich mich immer wieder an dieses Wort zu erinnern: Du bist mein geliebter Sohn, du bist meine geliebte Tochter.

Beobachtungen zu Matthäus 3,13–17

Dieses Kapitel und die anschließende Übung können tief in die eigene Vergangenheit hineinführen, auch in die Zeit vor meiner eigenen Vergangenheit, also die eigene Familien- und Herkunftsgeschichte.

Folgende Fragen tauchen immer wieder dabei auf:

Wenn ich an meine Familie denke, fühle ich nur Angst oder Abwehr. Meine Kindheit war keineswegs angenehm.

Dazu sei noch einmal der Hinweis vom Anfang der Übung wiederholt:

Wenn Ihnen der Grund für dieses Unbehagen durch eigene Biographiearbeit in Therapie oder Seelsorge schon bekannt ist, dann setzen Sie die Übung so fort, dass Sie sich nicht tiefer mit den auftauchenden Erinnerungen befassen, sondern sie möglichst »vorbeiziehen« lassen – genau so, wie es in der ersten Woche im Umgang mit auftauchenden Gefühlen oder Gedanken gelernt wurde. Es geht nur darum, sich dieses Mal zu verabschieden und sich ganz auf die eigene Taufe und die eigentliche und wichtigste Beziehung zu dem lebendigen Gott einzulassen.

Wenn Sie mit neuen, belastenden Erinnerungen konfrontiert sind, setzen Sie die Übung bitte nicht allein, sondern nur in Begleitung fort. Am Ende dieses Buches finden Sie eine Adressenliste, falls Sie einen solchen Begleiter/Begleiterin noch nicht gefunden haben.

Wenn Sie das Gefühl haben, dass so ein Blick zurück im Augenblick gar nicht passend ist, dann wählen Sie einen der beiden anderen Texte für diese Woche.

Ich kann mich auf die Imagination gut einlassen, aber ich »höre« keine Stimme, die mich als geliebten Sohn/als geliebte Tochter annimmt.

Dieses »Hören« geschieht natürlich nicht mit den äußeren Ohren, sondern ist ein innerer »Klang« im Herzen. Eine ruhige Gewissheit, die sich einstellt, wenn ich dem lebendigen Gott in einer empfangenden Haltung nahekomme.

Es ist kaum fraglich, dass Gott jede und jeden von uns als geliebtes Gottesgeschöpf annimmt. Die Frage ist eher, ob ich das annehmen kann oder ob ich, sobald mir jemand und erst recht Gott Liebe und Zuneigung zeigt, innerlich zurückweiche.

Dafür kann es wiederum biographische Gründe geben, auch die Frage nach den anerzogenen und verinnerlichten Gottesbildern taucht hier auf. Kann ich mir überhaupt einen liebenden Gott vorstellen? Auch hier ist das Gespräch mit der vertrauten Begleitung wichtig.

Ich will mich doch gar nicht von meinem Elternhaus verabschieden. Muss ich denn alle meine Beziehungen abbrechen, wenn ich Exerzitien mache?

Nein, gewiss nicht. Es geht nur darum, die Beziehungen aufzuspüren, die mich in meinen nächsten anstehenden Entwicklungsschritten behindern – weil sie mich in unguten Abhängigkeiten festhalten, weil sie mir einen Teil meiner Lebensfreude und Kraft rauben, weil sie mich belasten und mir ein einengendes und heute nicht mehr gültiges Bild von mir und dem Leben vermitteln.

Hier ist ein – manchmal behutsamer, manchmal sehr deutlicher – Abschied nötig. Und nicht selten trifft man sich später auf einer anderen Ebene wieder, nun aber frei und gleichberechtigt.

Meditation zu Johannes 2,13–23

Jesus räumt auf. Gar nicht zartfühlend, gar nicht werbend und bittend, sondern mit einer ungeheuren zornigen Kraft und präzise gelenkter Energie schafft er *Eindeutigkeit* – der Tempel, das Haus Gottes, deutet nur auf den Einen Gott und verträgt nicht, dass diese Eindeutigkeit verwässert, vermischt wird mit Profit und Kommerz, und sei er auch dem Tempelkult dienlich. Auch der zweckgebundene Missbrauch ist ein Missbrauch, und das gilt für heilige Räume ebenso wie für heilige Zeiten und erst recht für das Leben eines jeden Menschen, das als solches Tempel und Haus Gottes ist.

Für diese Eindeutigkeit im Innersten riskiert Jesus jede Menge Verdruss. Spätestens jetzt hat er sich mächtige Feinde gemacht, die eine unheilvolle Allianz zwischen Kult und Kommerz, zwischen Wirtschaftswachstum und Seelenheil eingegangen sind – eine Allianz, deren Macht bis heute nichts eingebüßt hat.

Es gibt wenige Texte, die das Lamm Gottes so zornig zeigen. Immer sind es Momente, in denen es letztlich um Leben und Tod geht. Wenn ich den Ort Gottes im äußeren Tempel, erst recht aber in meinem eigenen Inneren verkaufe an Gier und Gewinnstreben, an kleinliches Krämertum und Habsucht, dann verkaufe ich mein Leben und die Kraft Gottes, die Gott in dieses Leben gelegt hat. Und an dieser Stelle duldet der, der um des Lebens willen Mensch geworden ist, keine Kompromisse.

Es gibt Augenblicke im Leben, in denen eine bedingungslose Klarheit gefordert ist, auch wenn alle anderen erschrocken oder hämisch zurückweichen, abwiegeln und sich nicht festlegen wollen.

Übung zu Johannes 2,13–23

Ich schaue mir während meiner Meditationszeit mein Lebenshaus und den »Tempel« Gottes in meinem Herzen an. Wer wohnt dort? Wer alles treibt dort sein Wesen und sein Unwesen?

Welcher dieser »Mitbewohner« ist mir wirklich lieb und ein gerngesehener Gast, und wer hat sich – zwar geduldet und erlitten, aber gänzlich ungebeten – dort eingenistet?

Welchen Bildern, Vorstellungen, Ansprüchen und Erwartungen opfere ich meine Zeit, mein Geld, mein geistiges, seelisches und auch körperliches Vermögen?

Von wem lasse ich mich wissentlich, aber gegen meinen eigenen Willen verführen, ausnutzen, ablenken von meiner eigentlichen Sehnsucht?

Wer oder was macht mein Leben uneindeutig?

Wenn ich die »Händler« in meinem Lebenshaus gefunden habe, stelle ich mir vor, dass ich sie wie Jesus mit Kraft und reinigendem Zorn austreibe. Wie Jesus nehme ich einen langen Strick, eine Geißel, und treibe alles und alle hinaus, die meinen inneren Tempel verwüsten, beschmutzen, missbrauchen für ihre unheiligen Zwecke.

Gelingt mir das? Wage ich es, diesen heiligen Zorn zu spüren und in mir aufflammen zu lassen?

Oder hält mich etwas zurück, bindet mich in Unentschlossenheit?

Wer tritt mir entgegen in meiner Vorstellung? Mit welcher Haltung, welchen Worten?

Und wie eindeutig ist mein Wille? Bin ich verbunden mit meiner eigenen Lebenskraft?

Wie geeint ist mein Herz?

Die letzte Frage nach dem »eindeutigen« Herzen ist die wichtigste, weil nur aus einem in sich geeinten Herzen eine solche Vollmacht aufspringen kann, wie Jesus sie hier vorlebt.

Wenn ich spüre, dass mein Herz und mein Wille nicht geeint sind, dann wird es Zeit, Gott um diese Einung meines Herzens zu bitten.

Diese Übung wiederhole ich so lange, bis sich mir klar zeigt, was ich will und was ich nicht will. Und bereite mich darauf vor, das Haus meines Lebens zu reinigen von allem, was Gottes Einwohnung in meinem Leben verdunkelt.

Beobachtungen zu Johannes 2,13–23

Ich kann nicht zornig sein.
Ich bin eher ein sanfter Mensch.

Sanftmütig zu sein ist eine durchaus erstrebenswerte Eigenschaft. Die schnell aufbrausenden Hitzköpfe machen das Leben zwar oft spannend, aber nicht unbedingt friedvoll. Auch Jesus sagt von sich selbst: »Ich bin sanftmütig und von Herzen demütig.«

In der Nachricht »Ich *kann* nicht zornig sein« steckt allerdings eine Frage. Zorn ist ein ganz normales und mancher Situation durchaus angemessenes Gefühl. Der Zorn selbst ist nie das Problem, sondern die Frage, wie mit dem unter Umständen sogar sehr berechtigten Zorn dann umgegangen wird. Wenn ich also nicht zornig sein kann, bedeutet das, dass ich zu einer ganz bestimmten Gefühlsqualität in meiner Seele keinen Zugang bzw. dazu keine Verbindung habe. Das kann zu Blockaden führen und zu »Ersatzgefühlen«, die dann der Situation eigentlich nicht angemessen sind. Menschen, die nicht zornig werden können, wirken manchmal blockiert, wie betäubt, so als würde eine ganz wesentliche Farbe fehlen. Zorn ist ein sehr leidenschaftliches Gefühl, und Leidenschaften verleihen jedem Leben Kraft und Profil, sofern sie in einem guten Maß gelebt werden.

Was also hindert mich, leidenschaftlich zornig zu sein? Was hindert mich überhaupt, leidenschaftlich zu leben und zu lieben?

Es ist sicher hilfreich und spannend, sich diesen Fragen in der Gegenwart eines zornigen Jesus zu stellen und zu spüren, dass das Leben in der Gegenwart Gottes ein sehr leidenschaftliches Leben ist.

> *Ich finde diesen Jesus abstoßend. Viel zu radikal, wir haben heute andere Formen der Kommunikation. Wenn ich jemanden nicht in meinem Haus haben will, dann bitte ich ihn zu gehen, notfalls hilft mir ein Gerichtsbeschluss.*

In vielen Geschichten und Begegnungen tritt Jesus in großer Versöhnungsbereitschaft, sanfter Liebe und großer Geduld auf, stets bereit, Frieden zu stiften. Hier tut er das nicht, und es gibt einige andere Nachrichten, die von einer ähnlichen kompromisslosen Klarheit zeugen. Es gibt einen Bereich im eigenen Leben, der keinen Kompromiss verträgt – das ist die Mitte und der Ursprung meines eigenen Lebens, die Quelle, aus der ich selbst lebe. Das ist zuinnerst die eigene Bezogenheit auf Gott den Lebendigen. Selbstverständlich ist es nötig und möglich, im Austausch und im Gespräch mit anderen Menschen gute Dialogformen zu finden und die eigene Lebenshaltung selbst immer wieder zu überprüfen. Jesus hätte sicher keinen Händler vertrieben, der seinen Stand auf dem Markt hat. Vermutlich würde Jesus auch in die Riten anderer Glaubensgemeinschaften und Religionen nicht eingreifen – es ist nicht bekannt, dass er etwa in einem römischen Tempel Verwüstungen angerichtet hätte, um die Römer auf diese Weise zu dem Einen Gott Israels zu bekehren. Aber wenn die Unklarheit, die Vermengung, die Verführung auch ins eigene innerste Heiligtum eindringt, dann ist eine klare, abgrenzende Positionierung um des eigenen Lebens willen sicher unerlässlich. Niemand darf das Leben im eigenen Herzen verkaufen.

Nicht selten aber steckt hinter der Sorge vor Auseinandersetzung und Streit auch eine eigene, innere Unklarheit. Daher könnte sich die Frage anschließen: Weiß ich denn, wer in meinem Innersten, im inneren Tempel meines Lebens eigentlich wohnt oder wohnen soll? Wem diene ich in meinem Herzen, und mit wem bin ich in Liebe verbunden?

Das mit dem geeinten Herzen klingt ja recht schön, aber es gelingt mir nicht.
Ich habe immer schon gern viele Sachen gemacht und um mich gehabt.

Vielfalt und Buntheit ist schön und kann sich zu einem prächtigen Mosaik ergänzen – sofern dem Ganzen eine gemeinsame Ordnung, ein innerster Klang zugrunde liegt.

Das griechische Wort Kosmos – also die Gesamtheit unserer Schöpfung – heißt übersetzt zugleich Ordnung und Schönheit. Schönheit, Fülle und Leben entsteht zwar aus dem Chaos, aber nur dann, wenn dieses Chaos sich ordnet nach einem inneren Plan, der die äußere Vielfalt in einer inneren Harmonie zusammenhält.

Kenne ich diesen innersten Plan meines Lebens? Den Grundton, der die großartige Symphonie meines Lebens trägt? Die Stille, die hinter den Worten ruht und sich weit öffnet, um zu gegebener (nicht genommener!) Zeit wieder ein Wort zu entlassen?

Dieses Eine hinter dem Vielen ist für das Leben unbedingt notwendig – sonst zerfällt die Vielfalt in fragmentierte Vielheit und fällt schließlich ohne Klang und Leben auseinander.

Dieses Eine in allem ist nach biblischem Verständnis der Eine Gott, und Ihm neigt sich das geeinte Herz zu, um dann in Fülle und Schönheit aus diesem Einen zu leben.

Meditation zu Johannes 5,1–9

Achtunddreißig Jahre. Seit achtunddreißig Jahren liegt er da, gelähmt, hilflos, angewiesen auf andere und übrig geblieben. Um ihn herum Hunderte, im Laufe der Jahrzehnte vielleicht Tausende, die vor ihm in das heilende Wasser steigen, die ihn übersehen, missachten, nicht ernst nehmen in seiner Hilfsbedürftigkeit. Achtunddreißig Jahre vergeudetes Leben. Wann endlich kommt einer, der hilft, der ihn stützt und trägt, ihn leitet und heilt?

Heilt wovon?

Wovon muss dieser Mensch eigentlich geheilt werden?

Was auf den ersten Blick so eindeutig scheint – natürlich muss er von seiner körperlichen Lähmung geheilt werden! –, zeigt sich beim genauen Lesen und Nachforschen etwas differenzierter. Nach den Worten des Kranken lag er jahrzehntelang dort »und hatte keinen Menschen, der mich hineinträgt«. Ist da wirklich niemand, der in seinem Leiden mit ihm ausgehalten hat? Und wer hat ihm zu essen gebracht? Wer hat ihn gekleidet, ihn auch körperlich versorgt, wenn er doch weitgehend bewegungsunfähig ist?

Könnte es sein, dass diese Geschichte noch eine andere Lesart hat?

Zum Beispiel so: Lange lag er dort, vielleicht schon als Kind, wurde mit allem Notwendigen versorgt und musste sich an eine eingeschränkte Existenz gewöhnen. Hat sich angepasst, den eigenen Lebensraum eng gezogen, die Ansprüche reduziert und sich eingerichtet in der Klage, dass es eben so ist und niemand etwas tut, um es zu ändern – am allerwenigsten er selbst. Denn bei aller Einschränkung hat das Leben am Rande des Lebens ja auch Vorteile. Es gibt kaum Verantwortung zu tragen, niemand stellt Forderungen, das Nötige wird gebracht, und an einem Ort wie Bethesda, damals so etwas wie eine große Kurklinik, war niemand allein. Er gehört schon fast zum Personal, kennt sich aus und kennt die Geschichten und beschreibt das eigene Leben aus dem Mangel – »ich habe niemanden«, aber – und das sagt er nicht mehr – eigentlich geht es mir ja auch ganz gut so. Ich bleibe im Stand eines Kindes und werde versorgt.

Nun aber kommt Er, der nicht bereit ist, einfach die »elterliche« Versorgung zu übernehmen. Nun kommt Er und stellt eine Frage, die mich überraschend und schmerzhaft bei meiner erwachsenen Kraft und Willensstärke packt: »Willst du gesund werden?« – Willst du es eigentlich?

Du musst ja nicht. Du kannst auch in dieser Abhängigkeit und Eingeschränktheit bleiben, niemand macht dir einen Vorwurf. Aber dann lebe auch in freiem Willen so und beklage nicht dein vermeintliches Defizit. Wenn du aber gesund werden willst, wenn du es wirklich willst – dann steh auf. Steh auf in der Kraft Gottes und lebe dein Leben als eigenverantwortlicher erwachsener Mensch. Steh auf und sei geheilt von diesem kindlichen Anspruchsdenken, von dieser Vorstellung, dass alle anderen für mein Ergehen verantwortlich sind, nur ich selbst nicht. Sei geheilt von der Vorstellung, dass du nur als kranker, kindlicher Mensch Liebe, Nähe und Zuwendung bekommst – und fange an, deinerseits zu lieben, dich den Bedürftigen zu nahen und dich den Schwachen zuzuwenden. Erwache zu deiner eigenen Kraft.

Zugegeben, eine andere Lesart. Und ganz gewiss nicht anzuwenden für Menschen mit körperlichen Behinderungen und manifesten Erkrankungen. Als Frage aber wohl angebracht überall dort, wo sich ein Mensch zu bereitwillig eingerichtet hat in einem Leben aus Verzicht und Enge, in einer freudlosen Existenz und abhängigen Beziehungsstruktur.

Das Leben, zu dem Gott uns ruft, ist ein Leben in Freiheit und Verantwortung. Wo beides eingeschränkt ist, kann die Kraft Gottes zuweilen »provozierende« Fragen stellen, Fragen, die herausrufen (eben: provozieren) aus alten Mustern und überlebten Zwängen. Fragen wie diese: Willst du gesund werden?

Übung zu Johannes 5,1–9

Ich gestalte den Rahmen meiner Meditationszeit so, wie ich es gewohnt bin. Lese den Text langsam und laut, lausche dem Klang der Worte und der Regung meiner eigenen Gefühle. Mit wem fühle ich mich verbunden? Mit dem Gelähmten? Mit all den anderen um ihn herum, die auch krank sind und weniger beachtet werden in dieser Geschichte? Mit den Heilkundigen, die es sicher auch dort gab, und die in der Fülle des Leidens an ihre Grenzen stoßen?

Ich lasse mich von meinen Gefühlen leiten und verbinde mich mit der Person, die mir nahe ist. Schaue mir aus dieser Perspektive mein eigenes Leben an, nehme Gebrechen und Einschränkung wahr, spüre Unvermögen und Unzufriedenheit, vielleicht Resignation und Verzweiflung.

Dann stelle ich mir vor, dass Jesus zu mir tritt und mich mit ruhigem, klarem Blick ansieht. Schweigend nimmt er meine Gefühle und meine Not wahr, ich berge mich in diesem Blick und spüre, wie für einen Moment diese Ruhe Seiner Gegenwart auf mich übergeht. Für einen kleinen Augenblick wird es in meinen Gedanken und Gefühlen stiller, so als würde ein bewegter Wind etwas abflauen und einem ruhigen leisen Atem weichen.

Ich atme diesen Atem und schwinge mich ein in einen Rhythmus, der mich mit allem Lebendigen und mit Ihm selbst, dem Schöpfer des Lebensodems, verbindet.

Und so geborgen und geweitet höre ich die Frage: »Willst du gesund werden?«

Ich lasse die Frage zu, wehre sie nicht sofort ab mit meinem »Ja, aber …«, sondern nehme sie als eine Einladung und als Werben um mein Herz an.

Willst du gesund werden?

Wie sollte ich das nicht wollen?

Und ich sage ihm schweigend meinen Weg, lasse ihn all die vielen Wege sehen, die ich gegangen bin, die vielen Heilungsversuche, die ich unternommen habe, spüre die unendliche Enttäuschung und die Wut, wenn wieder eine Hoffnung zerschellte.

Lasse meine Wut zu auch auf Ihn, der da so ruhig vor mir steht – was für eine Frage?! Und warum heilst Du mich nicht einfach, statt solche irritierenden Fragen zu stellen!?

Und Er bleibt stehen, hört meine Klage, meine Anklage, meinen Unmut, nimmt sie an und lässt sie gehen. Und wiederholt einfach diese Frage: Willst du gesund werden?

Ich lasse die Frage tiefer in mein Herz fallen, schaue nach, ob es da eine Resonanz gibt, die nicht nur mit äußerem Befinden, mit körperlicher Versehrtheit oder Unversehrtheit zu tun hat. Sondern mit Beziehung zu Ihm, zum Leben selbst. Beziehung, die das Bleiben in diesem Raum der Heilung selbst bezeichnet, dieses Verweilen in Seinem Blick und ein Erfülltsein von Seiner Liebe.

Ich wage es, mich dieser Beziehung anzuvertrauen. Mich von ihr stärken, aufrichten zu lassen. Wage es, in ihr zu einer anderen Qualität von Leben zu erwachen, erwachsen zu werden in Seiner Kraft, mich aufzurichten zu meinem vollen Menschsein und meiner ganzen inneren und äußeren Größe. Ich wage es, Seinen Blick zu erwidern, aufzustehen und auf einem anderen Weg zu gehen, von Ihm gerufen und frei, das Leben in all seiner Schönheit zu leben.

Beobachtungen zu Johannes 5,1–9

Die Geschichte macht mich nur traurig.
Ich war immer allein in meinem Leiden,
und Gott oder Jesus ist mir noch nie begegnet.

Die Grundübung jedes geistlichen Weges heißt: Wahrnehmen, was wirklich jetzt ist. Wie zeigt sich mir die Wirklichkeit heute? Sie ist heute nicht mehr dieselbe wie gestern oder vor einem Jahr, auch wenn ich sie vielleicht immer noch mit dem Blick von gestern wahrnehme. Worte wie »immer« oder »nie« beschreiben oft die Wirklichkeit meiner Gedanken und Erwartungen (»Immer wurde ich übersehen«, »Nie habe ich Hilfe erfahren«). Es gibt schreckliche Erfahrungen, bedrückende Zeiten im Leben vieler Menschen, die sich dann übermächtig in die eigene Wahrnehmung einprägen, so dass die eigene Weltsicht gleichsam erstarrt in »immer« oder »nie« – wie eine Knospe unter Eis.

Aber die Wirklichkeit ist nicht so, sondern viel differenzierter. Es geht darum, den eigenen Blick wieder zu öffnen, das Herz wieder anrühren zu lassen, das Unwahrscheinliche für möglich zu halten – und bereit zu sein für das Leben, wo und wie es sich auch zeigt.

Heute lesen Sie dieses Buch. Heute lesen Sie das Evangelium von der Heilung des Gelähmten am Teich Bethesda. Im Wort Gottes begegnet Ihnen Gott. Heute. Und wenn es tatsächlich im Augenblick niemanden gibt, der Ihnen zur Seite steht, lesen Sie die Adressenliste und nehmen Sie Kontakt auf mit einer der angegebenen Stellen. Dort erfahren Sie auf jeden Fall weitere Möglichkeiten. Heute.

Ja, es stimmt schon. Ich habe mich eingerichtet in meinem Gelähmtsein, im Ertragen einer Beziehung, die mich nur klein macht und entmündigt. Aber ich habe Angst davor, aufzustehen und allein zu gehen. Woher weiß ich, ob ich das schaffe? Im Moment weiß ich wenigstens, was ich habe – auch wenn es weh tut.

Es gibt Zeiten, da es tatsächlich ratsamer ist, »in der Lähmung« noch so lange zu bleiben, bis das eigene Herz und der eigene Leib stark genug sind, das Aufstehen und den »Aufstand« zu wagen. Dafür ein gutes Gefühl zu entwickeln, kann lebensnotwendig sein. Aber wenn ich immerhin schon merke, dass meine Existenzform mit wirklichem Leben nicht viel zu tun hat, sondern nur mit Überleben, dann wäre es Zeit, genau jetzt mit der »Kräftigung des eigenen Herzens« zu beginnen. Zum Beispiel mit einem Exerzitienweg und unterstützender persönlicher Begleitung, zum Beispiel mit einer Therapie, wenn die Verletzungen stark sind und fachkundiger Hilfe bedürfen.

Wenn dann die Muskeln und die Seele gekräftigt sind und es tatsächlich nur noch den Mut braucht, den ersten Schritt zu wagen – dann wagen Sie diesen Schritt.

Sie werden nie erleben, dass Sie gehen können, wenn Sie es nicht versuchen. Und selbst wenn die ersten Schritte noch zaghaft sind, selbst wenn Sie schwanken und möglicherweise noch ein- oder zweimal fallen – Sie sind nicht allein auf diesem Weg und werden andere finden, die Sie halten. Er selbst, Jesus Christus, sagt von sich: ICH bin der Weg, die Wahrheit und das Leben.

Von diesem Weg sich ermutigen und führen zu lassen, dazu dienen diese und die folgenden Übungen – dem Leben entgegen.

Rückblick und Ausblick

Drei mögliche Fragenkreise im Blick auf das eigene gegenwärtige Lebensmuster haben uns bewegt:

- Die Frage nach der eigenen Herkunft und der Gotteskindschaft,
- die Frage nach unklaren Abhängigkeiten und Bindungen, die mein Leben bevölkern und diffus werden lassen
- und schließlich die Frage des eigenen Wunsches nach Heilung, nach Befreiung aus allzu engen Grenzen und (aus lauter Gewohnheit akzeptierter) Unterdrückung.

Natürlich sind das nicht die einzigen Themen, die in den Evangelien und im eigenen Leben eine Rolle spielen. Die Frage der Beziehungen zwischen Männern und Frauen ist allenfalls implizit mit genannt, die Frage der Eltern-Kind-Beziehungen nur angedeutet, keine ausdrückliche Nachricht findet sich zum Altwerden und Sterben. Die Möglichkeiten in einem Buch wie diesem sind begrenzt. Daher sei noch einmal die dringende Empfehlung ausgesprochen, diesen Weg nicht allein zu gehen und mit einem oder einer Vertrauten die eigenen Fragen und Erfahrungen anzusprechen – erst recht die, die in diesem Buch nicht vorkommen.

Es ist gut möglich und würde bei persönlich begleiteten Exerzitien auch gefördert, dass Sie durch die Meditation eines vorgegebenen Textes sich plötzlich in einem anderen wiederfinden – oder dass Themen und Zusammenhänge in Ihrem Leben sichtbar werden, die mit den beispielhaft ausgewählten Fragen und also auch den Antworten dazu nichts zu tun haben. Der Geist weht Gott sei Dank, wo er will, und wir haben nur die Aufgabe, sein Wehen und seine Botschaft wahrzunehmen und von unwichtigen Ablenkungen und Einflüsterungen zu unterscheiden. Nur. Nur? Diese Unterscheidung der Geister ist die wichtigste und zugleich schwierigste Aufgabe auf einem solchen Exerzitienweg, und auch dabei hilft letztlich das Gespräch – und dann irgendwann auch die eigene Erfahrung, die allmählich immer feiner zu unterscheiden hilft, wie sich diese oder jene Idee »anfühlt« – und ob sie mich in die Weite und in einen Frieden führt, den die Welt nicht geben kann, oder eben nicht.

Es reicht völlig, wenn Sie einwilligen, sich mit einer Frage, einer einzigen Situation in Ihrem Leben in die nächste, die dritte Woche zu begeben. Vielleicht geht es um eine Beziehung, die wirklich Wandlung und Veränderung braucht. Um ein Verhalten, das Sie an sich beobachten und das Sie stört, weil es das Leben behindert. Um die eine Sehnsucht, die Sie unruhig sein lässt und die sich nicht eher zufriedengibt, als bis sie bei Ihm, dem lebendigen Gott, angekommen ist.

In der dritten Woche geht es – nach ignatianischem Sprachgebrauch – darum zu wählen: zwischen dem Leben und dem Tod. Und nicht immer ist das, was wie der Tod aussieht, auch wirklich der Tod – und umgekehrt. »Wenn das Weizenkorn nicht in die Erde fällt und erstirbt, bleibt es allein. Wenn es aber erstirbt, bringt es viel Frucht.« So beschreibt Jesus im 12. Kapitel des Johannesevangeliums das Paradoxon unseres Lebens und unserer Gotteserfahrung.

Ein Mensch kann das aus eigener Kraft kaum wollen, schon gar nicht verstehen. Deshalb geht es in der dritten Woche auch nicht so sehr um das Handeln und Wollen des Menschen, sondern um das Wollen und Handeln Gottes – das an dem Menschen wirksam wird, der sich diesem Wollen ganz überlässt.

DIE DRITTE WOCHE: DURCH DEN TOD INS LEBEN

Ein geistlicher Weg kann ein Weg werden, auf dem und in dem Wandlung geschieht. Je näher ich meinem eigenen Herzen und dem Licht Gottes in diesem Herzen komme, desto deutlicher sehe ich auch, was mich von diesem Licht trennt. Ich nehme immer deutlicher wahr, dass ich – um mit Paulus zu sprechen – tue, was ich nicht tun will, und nicht das tue, von dem ich doch weiß, dass es richtig und gut für mich wäre.

Ich will in meiner Übung bleiben und stelle fest, dass ich es ja doch nicht schaffe, jedenfalls nicht so regelmäßig, wie ich es mir wünsche und vorgenommen habe.

Ich will mich nicht dauernd von meiner Kollegin provozieren lassen, sondern ruhig und gelassen bleiben – und fahre doch aus der Haut, sobald sie nur den Mund aufmacht. Ich will mich nicht von meinen Abhängigkeiten beherrschen lassen, auch nicht dauernd in Anklage und Selbstanklage verfallen – und tue den ganzen Tag ebendies.

Dieser seltsame Zwiespalt im eigenen Leben ist es, was noch vor nicht allzu langer Zeit einfach und unbefangen als »Sünde« bezeichnet wurde – und vielerorts auch heute noch treffend so genannt wird. Dennoch hat sich dieser Begriff aus dem allgemeinen, zumal dem modernen aufgeklärten Sprachgebrauch zurückgezogen und wird heute oft auch in kirchlichen und pastoralpsychologischen Kreisen fast ängstlich gemieden. Zu sehr ist dieser Begriff »Sünde« inzwischen behaftet mit Vorstellungen von Lebensfeindlichkeit, von Unterdrückung und Knechtung, von Entmündigung eines erwachsenen Menschen und moralischer Engführung oder sogar scheinheiliger Selbst- oder Fremdanklage. Gerade im protestantischen Umfeld hat die große Betonung der »Sündenverfallenheit des Menschen« der Reformatoren zu einem heftigen Pendelschlag in die gegenteilige Haltung geführt – von Sünde wird nicht mehr gesprochen, wer es dennoch tut, wirkt schnell konservativ oder gar fundamentalistisch. Der moderne Mensch ist nicht mehr sündig, sondern allenfalls krank oder belastet.

Auch das ist in der Tat richtig, beschreibt aber das Phänomen nur auf einer anderen Ebene. Und verliert damit die größte Heilstat Gottes aus dem Blick, die Er selbst uns zugewendet hat, nämlich die schon geschehene Erlösung aus unserer Verlorenheit.

So verständlich die Scheu vor der Benennung der Sünde und dem Umgang mit ihr aus den Erfahrungen der Kirchengeschichte und der eigenen Lebensgeschichte sein mag, so bedauerlich ist es auch, weil wir auf den Inhalt dieses Begriffes auf einem geistlichen Weg nicht verzichten können – und weil es noch kein wirklich besseres Wort gibt, können wir auch auf den Begriff selbst nicht verzichten.

Aber wir können ihn noch einmal neu und vielleicht unvoreingenommen verstehen. Das Wort »Sünde« kommt vom althochdeutschen Wort »sund« und heißt nichts anderes als »Graben« (im Stadtnamen Stralsund zum Beispiel hat sich das Wort in der alten Form erhalten). Es ist also erst mal nur eine Beschreibung einer topographischen Gegebenheit – ein Graben zwischen zwei Landzungen etwa, ein Graben zwischen zwei Feldern. In der theologischen Sprache bedeutet der Begriff ebenfalls erst mal nur »Graben« – nämlich den Graben, der sich zwischen Gott und den Menschen auftut und der uns jederzeit bewusst ist: Wir sind nicht Gott, sondern eben in aller Begrenztheit und – oh großes Wunder – in allem Gotteserbarmen einfach Menschen.

Menschen, die sich irren, die Fehler machen, die wunderbar, aber auch schrecklich sein können, Menschen, die durch welche Gründe auch immer gefangen sind in ihrem kleinen »Ich«, das sie zuweilen engstirnig, hartherzig, auch verletzend gegenüber sich selbst und anderen werden lässt. Auf die Frage, warum das so ist, warum wir nicht einfach nach dem Willen Gottes alle gut und lieb und freundlich zueinander und zu uns selbst sein können, haben die theologischen Schulen der letzten dreitausend Jahre verschiedene Antworten gefunden – und diese Antworten haben wiederum das Verhalten der Menschen, vor allem aber ihr Verhältnis zu Gott bestimmt.

Für unseren Exerzitienweg reicht es zunächst, einfach bei der Feststellung zu bleiben, dass es nun einmal so ist – wir alle sind in diesem Leben von Gott durch einen »Sund« getrennt, und das erleben wir jeden Tag, wenn wir unser eigenes Leben aufmerksam und ohne Bewertung oder gar Verurteilung wahrnehmen.

Ebenso sicher werden wir wahrnehmen – und das war der wesentliche Inhalt der zweiten Exerzitienwoche –, dass dieses »Getrenntsein« Leiden verursacht. Leid in unserem eigenen Leben, in dem anderer Menschen und schließlich in der ganzen Schöpfung. Da alle Lebewesen miteinander in einem lebendigen System verbunden sind, »leiden eben alle Glieder mit, wenn ein Glied leidet«, ebenso wie auch alle »sich freuen« – das heißt lebendig werden –, »wenn ein Glied sich freut«. Keine und keiner von uns lebt letztlich getrennt von den anderen, alles, was ich tue oder lasse, sage oder nicht sage, hat eine Wirkung auf das gesamte Leben, das mich umgibt.

Wenn wir anfangen, unser eigenes Getrenntsein von Gott wirklich wahrzunehmen – nicht verbunden mit einem moralischen Anspruch oder gar als Vorwurf, sondern einfach als wertfreie Beschreibung eines jederzeit fühlbaren Zustands –, dann sind wir langsam bereit, uns mit der schon erwähnten Heilstat Gottes an uns vertraut zu machen – also dem stellvertretenden Leiden und Sterben Jesu Christi und seiner Auferstehung in unser Leben hinein.

Dieses Ereignis, das wichtigste Ereignis im christlichen Horizont überhaupt, löst bei vielen Menschen heute ebenfalls eher Irritation, Abwehr, Erschrecken aus.

Was ist das für ein Glaube, der sich an einen gefolterten und getöteten Mann bindet?

Und noch viel wichtiger: Was ist das für ein Gott, der so ein Opfer fordert, nur damit er die Menschen, die er doch selbst geschaffen hat, erhält? Ist das nicht ein rachsüchtiges, mörderisches Gottesbild, das da vermittelt wird? Und was soll das für ein Heiland und Retter sein, der wehrlos am Kreuz hängt?

Und schließlich: Wenn er, dieser Jesus, nun schon für uns sterben musste, dann brauche doch ich das nicht auch noch zu tun?

Alle diese Gedanken und Einwände sind ganz richtig und ganz verständlich. Und sie gehen alle von der Vorstellung aus, dass der Kreuzestod Jesu ein Geschehen ist, das nur mit unseren menschlichen Maßstäben zu messen ist. Nach diesen menschlichen Maßstäben war die Verurteilung Jesu ein Justizmord, der »Vater« Jesu, also Gott, ist ein menschenverachtender Patriarch, der seinen eigenen Sohn töten lässt zur eigenen Befriedigung, und die Menschen, die all dem anhängen, müssen ganz offensichtlich das Leben verachten, wenn es denn so niedrig bewertet wird, dieses Leben. Und in der Tat gibt es noch immer Kirchenlieder und auch einzelne biblische Texte, die auf dieser Interpretation beruhen und in diese Richtung denken lassen.

Aber auch biblische Texte und Kirchenlieder sind – bei aller sicher auch vorhandenen Inspiration durch den Geist Gottes – eben auch von Menschen geschrieben, die ihrerseits Kinder ihrer Zeit waren.

Wenn man alle Nachrichten über den Gott der Heiligen Schrift und den Vater Jesu Christi zusammenschaut, zeigt sich letztlich ein anderes Bild. Dieser Gott ist ein bedingungslos liebender Gott, der uns, die Schöpfung, die Welt so sehr liebt, dass er selbst Mensch wird. In dem Rabbi aus Nazareth redet und handelt Gott selbst in seiner Menschengestalt. In der Verurteilung Jesu lässt Gott sich selbst verurteilen, steigt also selbst hinab in den Graben (»sund«), der sich zwischen ihm und uns aufgetan hat, und erfüllt diesen Abgrund mit sich selbst – so sehr, dass es vor Ihm und in Ihm keinen Graben mehr gibt. Im Tod am Kreuz stirbt dieser unglaublich leidenschaftlich liebende Gott selbst und erfüllt den Tod mit seiner Göttlichkeit, damit wir, wenn wir denn an diesen Ort kommen, eben nicht tot, sondern in Gott sind.

In seinem Leiden und Sterben nimmt Gott in Jesus Christus alles auf und durchdringt mit seiner unsterblichen Gottesliebe, was uns belastet, niederdrückt, von Ihm und dem Leben selbst trennt.

Weil Er am Kreuz stirbt und weil eben deshalb der Tod nicht mehr das Letzte, sondern nur noch das Vorletzte ist, können wir überhaupt nur dem eigenen Abgrund begegnen, der sich mitten durch unser eigenes Leben zieht.

Wir können mit dem Gottessohn Jesus Christus durch diesen Graben hindurchgehen, mit ihm – das heißt verbunden mit ihm und teilhabend an seiner Gegenwart – unseren eigenen Abgrund durchschreiten, unseren eigenen geistlichen Tod sterben und schließlich mit ihm »in einem neuen Leben wandeln«.

Diesem Hindurchgang ist die ganze »dritte Woche« gewidmet. Sie finden nur einen biblischen Text diesmal, nämlich die Passion Jesu Christi, wie sie vom Evangelisten Markus überliefert ist. Sie wird uns in der nächsten Zeit begleiten.

Biblischer Text

Markus 14,1–15,47: Jesu Leiden und Sterben

Zwei Tage waren noch bis Pascha und zu den Ungesäuerten Broten, und die Hohenpriester und Schriftgelehrten suchten nach einer Möglichkeit, ihn mit List zu ergreifen und zu töten. Sie sagten nämlich: »Nicht am Feste, damit nicht etwa ein Aufruhr entstehe unter dem Volke.«

Salbung Jesu in Bethanien

Als er in Bethanien war, im Hause Simons des Aussätzigen, und zu Tische lag, kam eine Frau mit einem Gefäß von Alabaster, voll echten, kostbaren Nardenöls, zerbrach das Gefäß und goss es über sein Haupt. Einige aber sagten unwillig zueinander: »Wozu diese Verschwendung des Salböls? Man hätte dieses Salböl um mehr als dreihundert Denare verkaufen und den Armen geben können.« Und sie schalten auf sie. Jesus aber sprach: »Lasst sie! Was kränkt ihr sie? Ein gutes Werk tat sie an mir. Denn allezeit habt ihr die Armen bei euch und könnt, sooft ihr wollt, ihnen Gutes tun; mich aber habt ihr nicht allezeit. Diese tat, was sie konnte; sie salbte schon im Voraus meinen Leib zum Begräbnis. Wahrlich, ich sage euch: Wo immer das Evangelium verkündet wird auf der ganzen Welt, da wird auch gesagt werden, was sie getan hat, ihr zum Gedächtnis.«

Der Verräter am Werk

Judas Iskarioth aber, einer von den Zwölfen, ging hin zu den Hohepriestern, um ihn an sie zu verraten. Als sie es hörten, freuten sie sich und versprachen, ihm Geld zu geben; und er suchte, wie er bei günstiger Gelegenheit ihn verrate.

Das Letzte Abendmahl

Am ersten Tag der Ungesäuerten Brote, da man das Paschalamm schlachtete, sagten seine Jünger zu ihm: »Wo willst du, dass wir hingehen und für dich das Essen des Paschamahles bereiten?« Er schickte zwei seiner Jünger weg und sagte zu ihnen: »Geht in die Stadt und es wird euch einer begegnen, der einen Wasserkrug trägt; dem folgt, und wo er hineingeht, da sagt zu dem Herrn des Hauses: Der Meister lässt sagen: Wo ist meine Herberge, darin ich das Pascha esse mit meinen Jüngern? Er wird euch ein großes Obergemach zeigen, das, mit Polstern versehen, bereitsteht. Dort bereitet es für uns!« Die Jünger gingen weg, kamen in die Stadt, fanden, wie er ihnen gesagt hatte, und bereiteten das Pascha. Als es Abend geworden, kam er mit den Zwölfen, und während sie bei Tische waren und aßen, sprach Jesus: »Wahrlich, ich sage euch: Einer von euch wird mich verraten, einer, der mit mir isst.« Da wurden sie betrübt, und einer um den andern fing an, ihn zu fragen: »Etwa ich?« Er aber sagte zu ihnen: »Einer von den Zwölfen, der mit mir in die Schüssel eintaucht. Der Menschensohn geht zwar hin, wie von ihm geschrieben steht; doch wehe jenem Menschen, durch den der Menschensohn verraten wird; besser wäre es ihm, er wäre nicht geboren – jener Mensch.« Und während sie aßen, nahm er Brot, sprach den Segen, brach es und gab es ihnen mit den Worten: »Nehmt hin, das ist mein Leib!« Und er nahm einen

Kelch, sagte Dank und gab ihnen, und alle tranken aus ihm. Und er sprach zu ihnen: »Das ist mein Blut des Bundes, das vergossen wird für viele (2. Mose 24,8). Wahrlich, ich sage euch: Nicht mehr werde ich trinken von der Frucht des Weinstockes bis zu jenem Tag, da ich neu davon trinke im Reiche Gottes.«

Gethsemani

Nach dem Lobgesang gingen sie hinaus zum Ölberg, und Jesus sprach zu ihnen: »Ihr werdet alle Anstoß nehmen; denn es steht geschrieben: ›Ich will den Hirten schlagen, und die Schafe werden zerstreut werden‹ (Zach 13,7). Nach meiner Auferweckung aber werde ich euch vorausgehen nach Galiläa.« Petrus sagte zu ihm: »Wenn auch alle Anstoß nehmen, so doch nicht ich.« Jesus erwiderte ihm: »Wahrlich, ich sage dir: Du wirst heute, in dieser Nacht, ehe der Hahn zweimal kräht, mich dreimal verleugnen.« Er aber beteuerte noch mehr: »Und müsste ich sterben mit dir, nie und nimmer werde ich dich verleugnen!« Ebenso sprachen auch alle andern. Darauf kamen sie an ein Gehöft, Gethsemani genannt, und er sprach zu seinen Jüngern: »Setzt euch hier nieder, während ich bete!« Da nahm er Petrus, Jakobus und Johannes mit sich und begann zu zittern und zu zagen, und er sprach zu ihnen: »Meine Seele ist betrübt bis in den Tod. Bleibet hier und wachet!« Er ging ein wenig weiter, fiel auf die Erde nieder und betete, es möchte, wenn es möglich sei, die Stunde vorübergehen an ihm. Er sprach: »Abba, Vater, alles ist dir möglich; lass diesen Kelch vorübergehen an mir; doch nicht, was ich will, sondern was du willst!« Und er kam, fand sie schlafend und sag-

te zu Petrus: »Simon, du schläfst? Konntest du nicht eine einzige Stunde wachen? Wachet und betet, damit ihr nicht in Versuchung fallet! Der Geist ist zwar willig, das Fleisch aber ist schwach.« Wieder ging er hin und betete und sprach die gleichen Worte. Da er zurückkam, fand er sie wiederum schlafend, denn ihre Augen waren schwer, und sie wussten nicht, was sie ihm antworten sollten. Und er kam zum dritten Mal und sprach zu ihnen: »Ihr schlaft noch und ruht! Es ist genug. Die Stunde ist gekommen. Seht, der Menschensohn wird überliefert werden in die Hände der Sünder. Steht auf, lasst uns gehen. Seht, mein Verräter naht.«

Gefangennahme Jesu

Und sogleich, während er noch redete, erschien Judas, einer von den Zwölfen, und mit ihm eine Schar mit Schwertern und Knütteln, ausgeschickt von den Hohenpriestern, Schriftgelehrten und Ältesten. Sein Verräter hatte mit ihnen ein Zeichen vereinbart und gesagt: »Den ich küssen werde, der ist es, den ergreift und führt ihn sicher ab!« Und als er kam, trat er sogleich heran zu ihm und sagte: »Meister!«, und küsste ihn. Sie aber legten Hand an ihn und nahmen ihn fest. Einer von denen, die dabeistanden, zog das Schwert, schlug nach dem Knecht des Hohenpriesters und hieb ihm das Ohr ab. Jesus sprach zu ihnen: »Wie gegen einen Rebellen seid ihr ausgezogen mit Schwertern und Knütteln, um mich zu fangen. Täglich war ich bei euch im Tempel und lehrte, und ihr habt mich nicht ergriffen. Doch es mussten erfüllt werden die Schriften.« Da verließen ihn alle und flohen. Ein Jüngling aber war ihm gefolgt, umhüllt mit einem

Linnen auf dem bloßen Leib, und sie ergriffen ihn; er aber ließ das Linnen fahren und lief ihnen nackt davon.

Vor dem Hohen Rat

Sie führten nun Jesus ab zum Hohenpriester, und es versammelten sich alle Hohenpriester und Ältesten und Schriftgelehrten. Petrus folgte ihm von ferne bis hinein in den Hof des Hohenpriesters, setzte sich zu den Dienern und wärmte sich am Feuer. Die Hohenpriester und der ganze Hohe Rat suchten ein Zeugnis gegen Jesus, um ihn zum Tode verurteilen zu können, doch sie fanden nichts. Denn viele gaben ein falsches Zeugnis gegen ihn; doch es stimmten die Zeugnisse nicht überein. Einige traten auf und brachten ein falsches Zeugnis gegen ihn vor, indem sie sagten: »Wir hörten ihn sagen: Ich werde diesen mit Händen gemachten Tempel abbrechen und in drei Tagen einen andern, nicht mit Händen gemachten, aufbauen.« Aber auch so stimmte ihr Zeugnis nicht überein. Da trat der Hohepriester in die Mitte und fragte Jesus: »Antwortest du nichts auf das, was diese gegen dich aussagen?« Er aber schwieg und antwortete nichts. Nochmals fragte ihn der Hohepriester: »Bist du der Messias, der Sohn des Hochgelobten?« Jesus sprach [zu ihm]: »Ich bin es; und ihr werdet den Menschensohn sehen, ›sitzend zur Rechten‹ der Kraft (Ps 110,1) und ›kommend auf den Wolken des Himmels‹ (Dan 7,13).« Da zerriss der Hohepriester seine Kleider und sprach: »Was brauchen wir noch Zeugen? Ihr habt die Lästerung gehört! Was dünkt euch?« Und sie alle verurteilten ihn, er sei schuldig des Todes. Einige begannen, ihn anzuspeien, sein Angesicht zu verhüllen, ihn zu schlagen und zu ihm zu sagen:

»Weissage!« Und die Diener nahmen ihn unter Schlägen entgegen.

Verleugnung durch Petrus

Während Petrus unten im Hofe war, kam eine von den Mägden des Hohenpriesters, und da sie den Petrus sah, der sich wärmte, schaute sie ihn an und sagte: »Auch du warst bei dem Nazarener, bei Jesus!« Er aber leugnete und sagte: »Ich weiß nicht und verstehe nicht, was du sagst!«, und ging in den Vorhof hinaus. Da krähte ein Hahn. Die Magd aber, die ihn sah, fing wiederum an, zu den Umstehenden zu sagen: »Dieser ist einer von ihnen.« Er aber leugnete abermals. Nach einer kleinen Weile sagten die Umstehenden wieder zu Petrus: »Du bist wirklich einer von ihnen; denn du bist auch ein Galiläer.« Er aber fing an zu fluchen und zu schwören: »Ich kenne diesen Menschen nicht, von dem ihr redet.« Und sogleich krähte der Hahn zum zweiten Male. Da erinnerte sich Petrus des Wortes, das Jesus zu ihm gesagt hatte: »Ehe der Hahn zweimal kräht, wirst du mich dreimal verleugnen.« Und er brach in Tränen aus.

Jesus vor Pilatus

Sogleich am frühen Morgen fassten die Hohenpriester mit den Ältesten und Schriftgelehrten und der ganze Hohe Rat den Beschluss, ließen Jesus fesseln und abführen und übergaben ihn an Pilatus. Pilatus fragte ihn: »Bist du der König der Juden?« Er antwortete ihm: »Du sagst es!« Die Hohenpriester erhoben schwere Anklagen gegen ihn. Da fragte ihn Pilatus wiederum: »Antwortest du nichts? Siehe, was sie alles gegen dich vorbringen!«

Jesus aber antwortete nichts mehr, so dass Pilatus sich sehr verwunderte. Zum Festtag aber pflegte er ihnen einen Gefangenen freizugeben, einen, um den sie baten. Nun befand sich ein gewisser Barabbas in Haft, zusammen mit den Aufrührern, die beim Aufstand einen Mord verübt hatten. Da zog das Volk hinauf und begann die Bitte zu stellen, wie er sie ihnen zu erfüllen pflegte. Pilatus wandte sich an sie und sprach: »Wollt ihr, dass ich euch den König der Juden freigebe?« Denn er merkte, dass die Hohenpriester ihn aus Missgunst überliefert hatten. Die Hohenpriester aber wiegelten das Volk auf, er solle ihnen lieber den Barabbas freigeben. Da wandte sich Pilatus abermals an sie: »Was soll ich dann mit dem machen, den ihr den König der Juden nennt?« Sie schrien zurück: »Kreuzige ihn!« Pilatus entgegnete ihnen: »Was hat er denn Böses getan?« Sie aber schrien noch mehr: »Kreuzige ihn!« Da ließ Pilatus, um dem Volke Genüge zu tun, ihnen Barabbas frei, Jesus aber ließ er geißeln und übergab ihn zur Kreuzigung.

Als Spottkönig verhöhnt

Die Soldaten führten ihn ab in das Innere des Gebäudes, in das Prätorium hinein, riefen die ganze Kohorte zusammen, legten ihm einen Purpurmantel um, flochten einen Kranz von Dornen und setzten ihm diesen auf. Dann begannen sie, ihn zu begrüßen: »Heil dir, König der Juden!« Sie schlugen ihn mit einem Rohr aufs Haupt und spien ihn an, beugten die Knie und huldigten ihm.

Kreuzigung

Nachdem sie ihn verspottet hatten, nahmen sie ihm den

Purpurmantel ab, zogen ihm seine Kleider an und führten ihn hinaus, um ihn zu kreuzigen. Und sie zwangen einen Vorbeigehenden, Simon von Cyrene, den Vater des Alexander und des Rufus, der vom Felde kam, sein Kreuz zu tragen. Sie führten ihn an den Ort Golgotha, was übersetzt Schädelstätte bedeutet, und reichten ihm Wein, der mit Myrrhe bereitet war; er aber nahm ihn nicht. Sie kreuzigten ihn und verteilten seine Kleider, indem sie das Los darüber warfen, was ein jeder erhalten solle. Es war die dritte Stunde, da sie ihn kreuzigten. Zur Angabe seiner Schuld war hinaufgeschrieben: »Der König der Juden!« Und zusammen mit ihm kreuzigten sie zwei Rebellen, einen zu seiner Rechten und einen zu seiner Linken. [Da wurde das Schriftwort erfüllt: »Er wurde unter die Verbrecher gerechnet« (Is 53,12).] Die Vorübergehenden aber lästerten ihn, schüttelten den Kopf und sagten: »Ha, du brichst den Tempel ab und baust ihn auf in drei Tagen, hilf dir selbst und steig herab vom Kreuze!« Gleicherweise verspotteten ihn auch die Hohenpriester mitsamt den Schriftgelehrten, indem sie zueinander sagten: »Anderen hat er geholfen, sich selbst kann er nicht helfen. Der Messias, der König von Israel, er steige nun herab vom Kreuze, damit wir sehen und glauben.« Auch die mit ihm Gekreuzigten schmähten ihn.

Jesu Tod

Als die sechste Stunde kam, trat Finsternis ein über das ganze Land bis zur neunten Stunde. Und um die neunte Stunde rief Jesus mit lauter Stimme: »Eloi, Eloi, lama sabachthani«, das heißt übersetzt: »Mein Gott, mein

Gott, warum hast du mich verlassen?« (Ps 22,2). *Einige von den Umstehenden, die dies hörten, sagten: »Seht, er ruft den Elias!« Einer aber lief hin, füllte einen Schwamm mit Essig, steckte ihn an ein Rohr und gab ihm zu trinken, indem er sagte: »Lasst, wir wollen sehen, ob Elias kommt, ihn herabzuholen!« Jesus aber stieß einen lauten Schrei aus und verschied. Da riss der Vorhang des Tempels von oben bis unten entzwei. Als aber der Hauptmann, der ihm gegenüber dabeistand, ihn so verscheiden sah, sprach er: »Wahrhaftig, dieser Mensch war Gottes Sohn!« Auch Frauen schauten von weitem zu, unter ihnen auch Maria Magdalena und Maria, die Mutter des Jakobus des Jüngeren und des Joses, und Salome, die schon, als er in Galiläa war, bei ihm waren und ihm dienten, so wie andere, die mit ihm hinaufgezogen waren nach Jerusalem.*

Begräbnis Jesu

Da es schon Abend wurde – es war ja Rüsttag, das ist Vorsabbat –, kam Joseph von Arimathäa, ein angesehener Ratsherr, der auch selbst auf das Gottesreich wartete, ging mutig entschlossen zu Pilatus und bat um den Leichnam Jesu. Pilatus wunderte sich, dass er schon tot sei, ließ den Hauptmann kommen und fragte ihn, ob er schon gestorben sei. Und als er es vom Hauptmann erfahren hatte, schenkte er Joseph den Leichnam. Dieser kaufte Leinwand, nahm ihn ab, wickelte ihn in Leinwand und legte ihn in ein Grab, das in einen Felsen gehauen war, und wälzte einen Stein vor den Eingang des Grabes. Maria Magdalena und Maria, die Mutter des Joses, sahen zu, wo er beigesetzt wurde.

Meditation

Verraten, verkauft, verleugnet. Von den engsten Freunden alleingelassen, von den Glaubensgeschwistern preisgegeben, von der herrschenden Besatzungsmacht aus Prestigegründen und politischem Kalkül getötet, nicht ohne zuvor noch verspottet und gedemütigt worden zu sein.

So also geht es dem Lamm Gottes, dem Sohn des Höchsten, dem Retter der Welt.

Geht das? Kann das wirklich alles so gedacht gewesen sein, oder hat er einfach die Kontrolle verloren?

In dem Musical »Jesus Christ Superstar« fragt ein äußerst sympathischer, mitleidender und sanfter Petrus seinen geliebten Freund Jesus in einem eingespielten Zwischenlied, ob sie nicht einfach noch einmal von vorn beginnen könnten, um dann alles besser – das heißt ohne Verrat und Blutvergießen – zum Ziel bringen zu können. Und ein nicht weniger sympathischer, beeindruckend charismatischer und publikumswirksamer Judas ruft dem schon gekreuzigten Jesus zu, er solle doch einfach ein paar Jahrtausende später geboren werden, weil dann die mediale Massenkommunikationstechnik seine Botschaft viel effizienter vermitteln könnte, als das 30 Jahre nach Christi Geburt möglich gewesen sei.

Wenn er es aber nun doch selbst wollte?

Wenn er in innerster Verbundenheit mit der Kraft Gottes – »Dein Wille geschehe«, sagt er am Ende seines inneren Ringens im Garten Gethsemane – genau diesen Weg gehen wollte?

Wenn er nun tatsächlich den Weg in und durch das Leiden gehen wollte, um fortan mit allen verbunden zu sein, die eben diesen Passionsweg auf die eine oder andere Art in ihrem Leben auch gehen müssen?

Und was, wenn er dadurch über alle Zeit- und Raumgrenzen hinweg mit mir, mit jeder und jedem von uns ganz persönlich verbunden sein will, obwohl – oder gerade weil! – ich selbst ja das Leben jeden Tag durch mein Handeln und Reden mehr oder weniger offensichtlich beschädige, sosehr ich mich auch dagegen wehren mag?

Was, wenn er gerade in Seinem Tod das Leben für uns alle, für mich geöffnet und bereitet hat?

Nein, mein Verstand kann es nicht fassen, vielleicht nur für Sekunden erahnen, was da geschieht. Aber mein Herz beginnt leise zu zittern in der behutsamen Gewissheit, dass er, dieser Christus, diesen Weg für mich und mit mir gegangen ist und jederzeit gehen wird, sobald ich dazu bereit bin.

Es ist ja schon alles vollbracht. Ich brauche nur noch aufzubrechen, mich selbst zu öffnen und mit Ihm den Weg durch mein Leben hindurchzugehen, den Er vorangegangen ist – um einer Liebe und einer Freiheit willen, die kein Mensch geben kann.

Übung

Ungerechtes, unschuldiges Leiden, die ganze Palette menschlicher Gefühle. Wie geht er, Jesus, der Christus Gottes, hindurch?

An keiner Stelle wirkt er aggressiv. Angstvoll, ja. Aber

er ringt sich durch seine Todesangst hindurch bis zu der allumfassenden Vereinigung seines eigenen Willens mit dem Gotteswillen und erfährt so eine Ausweitung der eigenen Person, die nur als Befreiung zu beschreiben ist. Befreit in eine raum- und zeitübergreifende und -durchdringende Existenz, die aller Vorläufigkeit, aller Vergänglichkeit und damit aller Angst entzogen ist.

Die Übung der dritten Woche besteht darin, in diesen Raum der Willenseinung hineinzuwachsen.

So wie der Gottessohn Jesus Christus eins geworden ist, wie er immer schon eins war mit dem Schöpfergott, so werden wir, indem wir diesen Weg sehr langsam, sehr bewusst und bereit zum Mitleiden an seiner Seite mitgehen, in diesen Raum hineingenommen.

Wie bisher also wählen Sie bitte Ihren Ort und Ihre Zeit, beginnen und beenden die Meditationszeit in der gewohnten Weise und lesen während der Meditationszeit die Passionsgeschichte langsam, Wort für Wort, Satz für Satz.

Keineswegs heißt das, dass Sie den ganzen Text auf einmal lesen müssen. Vielleicht hilft es, am Anfang den Text einmal in seiner Gesamtheit wahrzunehmen, wenn er Ihnen nicht vertraut ist und es Ihnen so leichter fällt, den Zusammenhang nachzuvollziehen. Es muss aber nicht sein. Es kann genauso wirksam sein, sich wirklich die Zeit zu lassen, die die Ereignisse real ja auch gebraucht haben, und so den biblischen Text und den eigenen Lebenstext Wort für Wort miteinander zu verbinden.

Wenn Sie den Text mit voller Achtsamkeit und Gegenwärtigkeit lesen, werden sich vermutlich viele, vielleicht heftige Gefühle bemerkbar machen. Mitleid, Empörung, Ärger, Zorn, Angst, Hoffnung, Enttäuschung, Liebe. Das ist gut und erwünscht. Alle diese Gefühle sind den im Text dargestellten Ereignissen ganz angemessen – vor allem sind sie Ihren eigenen Erlebnissen angemessen, die durch die Worte des Textes vielleicht berührt werden. Möglicherweise erinnern Sie sich an eigene Erfahrungen von Verachtung, Schmähung, Verrat. Möglicherweise begegnen Ihnen Verletzungen wieder, die Sie selbst erlitten oder auch anderen zugefügt haben. Vielleicht erinnern Sie sich an eigene Erfahrungen von Einsamkeit, Gefangenschaft und Todesangst, die Sie schon lang vergessen oder ganz weit aus Ihrem Alltagsbewusstsein verdrängt haben.

Was immer Sie bewegt – lassen Sie es wahr sein. Diese Bewegung hat sicher einen Grund und eine Bedeutung, auch wenn sie sich vielleicht nicht sofort zu erkennen geben.

Aber – und das ist das Wichtigste und die eigentliche Übung – verlieren Sie Ihn, Jesus Christus, dabei nicht aus dem Blick. Bleiben Sie auf jeden Fall mit Ihren Wahrnehmungen, Gedanken, Gefühlen auf Ihn bezogen, in dem Sie immer wieder in den Text zurückkehren und mit allen Sinnen hören, sehen, fühlen, spüren, was Er sagt oder schweigt, tut, erleidet. Indem Sie sich ganz »an Ihn hängen«, wie Martin Luther es einmal formuliert hat, werden Sie in Seine Bewegung mit hineingenommen, eine Bewegung, die über alles menschliche Vermögen hinaus durch den Tod und alle Tode hindurch ins Leben mündet.

Deshalb ist es so wichtig, dass Sie sich Zeit lassen.

Diese Dimension, die sich in diesem Text der Heiligen Schrift auftut, wirklich im eigenen Leben wirken zu lassen, geschieht oft in kleinen, leisen, zunächst fast unbemerkten Schritten.

Es braucht Zeit, bis ich aus dem lauten und schnellen Alltagsleben überhaupt in die übende Haltung hineinfinde. Es braucht Zeit, bis ich den Text so weit an mich heranlassen kann, dass tatsächlich eine Gefühlsebene berührt wird (falls ich nicht aus anderen Gründen ohnehin gerade ganz nah mit dieser Ebene meines Menschseins verbunden bin). Und noch einmal braucht es Zeit, bis ich dieses Gefühl wirklich als meines annehme, wahr sein lasse und Ihm, Christus, anvertraue und mich gerade in dieser Qualität meines Lebens mit ihm verbinde – in der gewissen Hoffnung, dass er und seine erlösende Kraft sich in gleicher Weise mit mir verbinden und mich befreien aus Angst und Enge.

So gehe ich diese welt- und zeitumspannende Geschichte Wort für Wort durch, nehme sie Satz für Satz auf mein Herz und binde mein Herz an das Seine – bis ich so verbunden mit ihm hindurchgegangen bin durch den Abgrund meines eigenen Lebens. Bis ich gesehen habe, was es jetzt für mich zu sehen gibt, gefühlt habe, was ich jetzt fühlen kann. Und erfahre, dass mich nichts, auch nicht der Tod, von Seiner Zuwendung zu mir trennen kann.

Wenn das geschenkt wird, brauche ich meine eigenen Grenzen, Verfehlungen, Verzagtheiten nicht mehr zu fürchten und zu verleugnen. Ich nehme sie als das, was sie sind – Orte, in denen die Erlösung Gottes wirken wird.

In dieser Hingabe an Ihn und in Seiner Hingabe an mich ist Freiheit möglich. Es ist möglich, alle anstehenden Fragen und (Lebens-)Entscheidungen aus der Perspektive Seiner Liebe und der geschenkten Freiheit anzuschauen – und nicht mehr aus der Perspektive der Angst vor Versagen und Scheitern und einer vermeintlichen Verurteilung durch wen auch immer.

Die einzig wichtige Frage heißt dann: Wo fühle ich mich mehr mit dieser Liebe verbunden?

Das wird die Frage der vierten Woche sein.

Beobachtungen

Ich kann mich nicht auf die Geschichte einlassen. Diese ganze Leidensgeschichte und Kreuzigung habe ich noch nie verstanden, und ich finde, es ist auch nicht das Gottesbild, das die Kirche heute vermitteln sollte.

Wenn die Kirche aufhören würde, das Bild des leidenden und gekreuzigten Gottes zu vermitteln, dann würde sie aufhören, Kirche Jesu Christi zu sein. Wir haben keinen anderen Gott als den Gott Israels, der sich in Jesus Christus in unsere Welt hineinbegeben, mit uns gelitten hat und für uns gestorben ist, damit wir in Seinem Leben leben können.

Dass das letztlich nicht mit dem Verstand zu erfassen ist, scheint mir eine zutreffende Wahrnehmung zu sein. Aber es geht bei der Meditation auch gar nicht zuerst um intellektuelles Erfassen, sondern um ein Erleben, ein Miterleben der Erlösungstat Gottes mit allen

Kräften meines Menschseins. Der Text selbst, das heißt die Gegenwart Gottes in der Heiligen Schrift, wird sich diesem Erleben öffnen, wenn wir allmählich dazu bereit sind, ihn unsererseits mit offenem Herzen zu empfangen. Das Verstehen hat dann später im »Nach-Denken« immer noch seinen Raum.

Bei der gestellten Frage bzw. bei der genannten Haltung kann es hilfreich sein herauszufinden, woher der Widerstand gegen die Beschäftigung mit dem Leiden selbst kommt. Vielleicht ist es die Angst vor der eigenen Berührbarkeit.

Diese Angst ist wahrzunehmen und genau wie die anderen Gefühle Ihm, Gott, anzuvertrauen.

Dabei geht es nicht um schnelles Voranschreiten – es kann so lange dauern, wie es eben dauert, bis der Widerstand sich in der Gegenwart Gottes langsam auflöst. Entscheidend und wichtig ist dabei, dass der Rahmen der Übung, also das Gebet zu Beginn und am Ende, eine Zeit des Hörens und der Tagesrückblick am Abend als sicherer Halt um alle Bewegtheit herum eingehalten wird.

Wenn ich die Leidensgeschichte Jesu lese, werde ich überschwemmt von Erinnerungen an eigene Leiderfahrungen. Ich bin den ganzen Tag völlig fertig und komme aus den Bildern gar nicht mehr raus.

Es gibt Menschen, die durch die Berührung mit der Passion Jesu – oder auch mit den Leidensgeschichten anderer Menschen – so massiv an eigene, unbewältigte Erlebnisse erinnert werden, dass die Seele und der

Geist es tatsächlich nicht mehr schaffen, immer wieder in die Gegenwart des eigenen Lebens und den Text der Bibel zurückzukehren – und damit in die heilende und lindernde Gegenwart Gottes.

Deshalb stand am Anfang dieses Kapitels der dringende Rat, den Text sehr langsam zu lesen – vielleicht nur ein oder zwei Sätze an jedem Tag. Wenn Sie merken, dass Sie wiederholt von eigenen Erinnerungen so »überschwemmt« werden, dass ein normales Alltagsleben nicht mehr möglich ist, suchen Sie unbedingt das Gespräch mit einem Begleiter oder einer Begleiterin. Offensichtlich gibt es dann Erfahrungen und Erlebnisse, die lang im Verborgenen geruht haben und nun angestoßen worden sind und in einem anderen Rahmen als dem der Alltagsexerzitien begleitet werden müssen. Mag sein, dass dieser »Aufbruch« früher oder später ohnehin geschehen wäre; in jedem Fall aber dient die Beschäftigung mit den eigenen Lebensthemen langfristig der Heilung der eigenen Geschichte – und damit des eigenen Lebens.

Wenn die anbrandenden Erinnerungen so intensiv nicht sind, das heißt sich im Wesentlichen auf die Meditationszeit begrenzen lassen und Sie danach gut wieder in den Alltag zurückkehren können, dann bleibt die wichtigste Übung, in aller Erschütterung auf Ihn, Christus, zu schauen, dem eigenen Leiden nicht auszuweichen, sondern es zu Ihm hinfließen zu lassen – und so offen zu bleiben und bereit für den Strom, der Ihnen von Ihm her zufließen wird.

Es kann hilfreich sein, nach der Meditation noch eine andere Ausdrucksform für das Erlebte zu finden als nur das Schreiben eines Tagebuches oder Exerzitienbuches. Vielleicht locken manchmal der Umgang mit Farben oder Ton oder die Klänge eines Instrumentes, um die eigenen intensiven Gefühle darzustellen und damit auch ein wenig zur Ruhe kommen zu lassen. Manchmal sprechen diese unmittelbaren Ausdrucksformen eine wesentlich deutlichere Sprache als das Schreiben, weil Worte in der Regel schon wieder bewusst ausgewählt sind und so ein Gefühl unter Umständen begrenzen und in eine engere Form binden.

In jedem Fall ist es gut, die eigenen Erfahrungen mit der geistlichen Begleiterin oder dem geistlichen Begleiter anzusprechen. Aber das ist ja inzwischen sicher schon bekannt ...

Warum nur? Ich komme an der »Warum-Frage« nicht vorbei. Warum musste Jesus sterben? Warum müssen unschuldige Menschen heute sterben? Warum muss die kleine Tochter meiner Nachbarin so sehr leiden, warum sind wir Menschen nur so bösartig? Warum lässt Gott das alles zu?

Die Frage nach dem »Warum« ist so alt wie die Frage nach Gott. Und sie ist, wenn sie ernst gemeint und nicht nur aus intellektueller Neugier gestellt wird, fast immer aus der Verzweiflung geboren. Deshalb ist sie stark und berechtigt. Und kann auch, so unüberwindlich sie zunächst scheint, tatsächlich auf die eine oder andere Art zu einer Antwort führen. Generationen von Theologinnen und Theologen, und keineswegs nur christliche, haben dazu regalmeterweise Bücher geschrieben, vielleicht ist die ganze Theologie letztlich überhaupt nur aus dieser Frage entstanden – warum, Gott, bist du, wie du bist?

So verständlich und berechtigt diese Frage also ist, so wenig hilfreich ist sie auf einem Exerzitienweg. Denn indem ich diese Frage stelle, stelle ich mich für einen Moment neben das Geschehen, nehme eine Beobachterposition ein und versuche, den Gesamtzusammenhang und damit Gott selbst intellektuell zu erfassen.

Auf einem Exerzitienweg begeben wir uns aber in die unmittelbare Gottesbeziehung hinein, sofern uns das möglich und geschenkt ist. Ich kann dann nicht von außen kommend fragen: Warum ist Gott so oder so? Allenfalls kann ich fragen: Warum *bist Du*, Gott, so, wie Du bist? Warum gehst Du diesen Weg, warum schaffst Du das Leiden nicht kraft Deiner göttlichen Kraft ab?

Und vielleicht wage ich es, im Kraftfeld dieser Beziehung und Seiner Gnade auch noch persönlicher zu fragen: Warum muss oder musste ich so leiden – an meiner Geschichte, an meiner gegenwärtigen Situation, an Deinem Leiden?

Jede Frage ist erlaubt, solange sie Ihm gestellt wird und die Bezogenheit auf Christus, und zwar den Christus, der sich in der Passion zeigt, nicht unterbricht.

Was immer Sie bedrängt, herausziehen will aus dem unmittelbaren Erleben, sollte genauso behandelt werden wie alle anderen Gedanken, Gefühle, Zustände: Sie werden wahrgenommen, angenommen und Ihm überlassen, dass Er sie wandle und verwandle in Seinem

Blick. Gut möglich, dass die Frage dann zu Ihnen zurückkommt – aber nun mit Sicherheit ganz anders gefüllt, nämlich gefüllt mit Seiner Gegenwart, die Sie durch alles Warum umfängt. In dieser Gegenwart wird sich aus der Frage heraus der nächste Schritt zeigen.

DIE VIERTE WOCHE:
OSTERN –
DAS LEBEN WÄHLEN

Zu erfahren, wirklich im tiefsten Herzen zu erleben und zu fühlen, dass Gott uns Menschen wirklich persönlich liebt – jede Einzelne, jeden Einzelnen. Mich selbst. Zu erfahren und zu spüren, dass dieser Gott mich wirklich voller leidenschaftlicher und erbarmender Liebe liebt, was immer ich auch getan oder nicht getan habe, wer immer ich bin und was immer in meinem Leben aus mir inzwischen geworden sein mag. Zu spüren mit offenem Herzen, dass ich mich nicht mehr verstecken muss, gar nichts mehr zurückhalten und vor niemandem mehr etwas verbergen muss – weil Gott das Leben um jeden Preis will, selbst um den Preis seines eigenen Todes, und weil dieses Leben, das Er selbst ist, stärker ist als jedes Sterben und Seine Liebe stärker ist als der Tod.

Dies wirklich zu glauben und zu erfahren – das ist Ostern. Das ist die Auferstehung mitten im Leben, das ist die Versöhnung mit allem, was in mir ist an auseinanderstrebenden Kräften. Das ist die liebende Vereinigung mit Ihm, der lebendige Liebe ist und nichts anderes von mir und für mich will als eben dies: zu lieben und geliebt zu werden.

Wenn diese letztlich unbeschreibliche Gewissheit sich in mein Herz einwohnt und mein Denken mit einem neuen Licht erfüllt, dann wird es Zeit, mir mein gegenwärtiges Leben noch einmal in diesem Osterlicht anzuschauen. Von dieser Ostererfahrung her gehe ich noch einmal zurück zu den Fragen und zu den Themen, die mich bewogen haben, mich auf den Exerzitienweg zu begeben. Wie sehen sie aus im Licht dieser erfahrenen unbedingten Gottesliebe?

Wenn ich wählen kann oder muss zwischen verschiedenen Wegen, zwischen verschiedenen Möglichkeiten – sei es im Beruf, in den Beziehungen, sei in der Lebensgestaltung –, wie wählt die Liebe in mir? Wo wird diese Gottesliebe jeweils »mehr« erfahrbar, mehr lebbar? Das ist die Frage nach dem ignatianischen »magis«, dem »Mehr«, das jetzt in der vierten Woche zum entscheidenden Kriterium wird. Es geht nicht um »gut« oder »schlecht«, nicht um absolute Unfehlbarkeit, sondern es geht um »mehr Liebe«.

Ausgangspunkt, Hauptkriterium, Parameter, Grundlage aller meiner Entscheidungen soll nun nicht mehr die Angst sein – Angst vor Strafe, vor dem Versagen, vor einem befürchteten Gottesurteil oder Menschenspott –, sondern die Liebe. Wo sich die Liebe, die Gott zu mir hat und die zu erwidern ich endlich in ganzer Hingabe wage – da ist mein Ort, meine Berufung. Nichts anderes soll mich mehr leiten.

Natürlich klingt das sehr mutig, vielleicht sogar ein bisschen übermütig, wenn nicht gar übertrieben oder verklärt. Und doch sollten wir an dieser Stelle nicht zurückgehen in eine diffuse Unverbindlichkeit oder eine Banalisierung der Auferstehung und des Lebens. Wir sollten nicht zurückgehen hinter die Erfahrung, dass der Tod keine Macht über uns hat und jede Angst immer nur eine vorläufige sein kann. Wohl ist es möglich, dass eine im Augenblick gefühlte Wandlung sich dem Bewusstsein wieder entzieht, sich nicht ständig und je nach Bedarf zu fühlen gibt wie etwas, das uns als Besitz gehört wie ein wärmender Umhang. Und doch ist diese Wandlung geschehen – einmal und für alle im Sterben und Auferstehen Jesu Christi und durch und mit ihm immer wieder im Leben der Menschen. Das Anliegen der vierten Meditationszeit besteht darin, diese reale Erfahrung so in den Alltag hineinzuweben, dass sie sich zwar möglicherweise hin und wieder zurückzieht, aber nicht mehr vergessen werden kann.

Biblischer Text

Johannes 20,11–18: Jesus erscheint Maria Magdalena

Maria aber stand draußen vor dem Grabe und weinte. Und während sie weinte, beugte sie sich hinein ins Grab und sah zwei Engel dasitzen, in weißen Gewändern, einen zu Häupten und einen zu den Füßen, wo der Leib Jesu gelegen hatte. Sie sagten zu ihr: »Frau, was weinst du?« Sie sagte zu ihnen: »Weil sie meinen Herrn weggenommen haben und ich nicht weiß, wo man ihn hingelegt hat.« Nach diesen Worten wandte sie sich um und sah Jesus dastehen, aber ohne zu wissen, dass es Jesus war. Jesus sprach zu ihr: »Frau, was weinst du? Wen suchst du?« Da sie meinte, er sei der Gärtner, sagte sie zu ihm: »Herr, wenn du ihn weggetragen hast, so sage mir, wo du ihn hingelegt hast, und ich will ihn holen.« Jesus sprach zu ihr: »Maria!« Sie wandte sich um und sagte auf Hebräisch zu ihm: »Rabbuni«, das heißt: »Mein Herr!« Jesus sprach zu ihr: »Rühre mich nicht an; denn noch bin ich nicht aufgefahren zum Vater; geh aber zu meinen Brüdern und sage ihnen: Ich fahre auf zu meinem Vater und zu eurem Vater, zu meinem Gott und zu eurem Gott.« Maria Magdalena ging und verkündete den Jüngern: »Ich habe den Herrn gesehen«, und dies habe er ihr gesagt.

Meditation

Sie halten es immerhin für möglich. Nachdem Maria von Magdala, die Vertraute Jesu und bald erste Zeugin der Auferstehung, den Jüngern vom leeren Grab berichtet hat, laufen sie los – und sie laufen wirklich, sie rennen um die Wette, einer ist schneller als der andere. Eine große Bewegung kommt in die bis dahin in Schock und Trauer erstarrten Männer, sie laufen wie getrieben – weshalb? Weil sie fürchten, dass die Schergen tatsächlich auch noch den Leichnam entführt haben? Oder doch auch wegen der bangen Hoffnung, dass es wahr sein könnte, was Er, Jesus, ihnen doch immer wieder verheißen hat? Ob die rennenden Jünger da schon für einen Moment glauben konnten, dass es wirklich wahr sein könnte? Dass das Leben am Ende überlebt und alle Lebendigen rettet aus Schuld und Tod?

Fast liebevoll beschreibt der Erzähler, wie die Jünger die zurückgelassenen Leintücher vorfinden, das Schweißtuch gesondert gelegt. Als habe jemand ordentlich aufgeräumt und friedvoll die Hinweise auf Schmerz und Tod beiseitegelegt – die es nun nicht mehr braucht. Keine Eile, kein überstürzter Aufbruch, sondern erwachendes Leben und heute wiedererschaffene heilige Ordnung Gottes – die den Menschen Frieden schenkt.

Einer der Jünger sieht – und er glaubt, heißt es im Text, denn er verstand noch nicht. Wie treffend beschrieben. Wer versteht schon wirklich, was da geschah? Wer versteht schon wirklich, was da geschieht, wenn das Leben schließlich aufsteht vom Tod und die Liebe, die unbedingte Liebe in ein Herz strömt?

Fast ein bisschen scheu wirkt es, ein bisschen ratlos vor dem Unfassbaren, als die beiden Jünger dann einfach wieder heimgehen. Vielleicht gehen sie schweigend? Nicht ganz sicher, ob der andere dasselbe sah? Oder ob die Worte, die sie bisher miteinander geteilt haben, noch gelten? Vielleicht braucht es noch Zeit, bis sie das erste Tasten ihrer fragenden und hoffenden Herzen in Worte fassen können. Manchmal braucht es nach so erschütternden Einblicken in die Wirklichkeit Gottes nichts anderes als eine vertraute Umgebung, ein eingewohntes Zuhause – denn wenn die Welt schon aus den Fugen gerät, dann kann das Bleiben im gewohnten Rahmen eine vorübergehende Zuflucht sein, um im Schutz des Vertrauten langsam mit dem Verstand nachzubuchstabieren, was da geschehen ist und welche Wandlung sich im eigenen Herzen und im eigenen Leben vollziehen wird.

Nicht so Maria von Magdala, die Leidenschaftliche, die Liebende. Sie bleibt.

Sie, die so nah mit Jesus gelebt hat, steht erschüttert weinend vor dem Grab. Sie ist so eingehüllt in ihren Schmerz über seinen Tod und nun auch noch über das Verschwinden des Leichnams, dass das plötzliche Erscheinen der Engel sie nicht wesentlich zu beeindrucken scheint – sie stellt einfach nur die einzige Frage, die sie noch mit dem Leben verbindet: »Wo ist er?«

Der Übergang vom Tod ins Leben vollzieht sich nicht immer schnell, überwältigend und umfassend. Oft gibt es eine Zeit der Leere, in der gewohnte Bilder, Worte, Erwartungen zerbrochen sind und Neues sich noch nicht gebildet hat – ja, mehr noch, nicht mal »die Reste«, die Scherben des alten Lebens sind noch vorhanden. Stattdessen: Leerer Raum, leeres Grab, leere Worte. Das »gottförmige Vakuum« nennt es die Mystik, dieser Raum jenseits aller Worte, Begriffe, Vorstellungen, das sich unmittelbar vor der Gottesberührung auftut. So wesentlich diese Erfahrung für die vollendete Transformation eines fragenden Herzens und eines suchenden Geistes auch sein mag, so schwer ist es für den Menschen selbst in dieser Situation, diese Leere zu ertragen.

»Wo ist er?« So fragt Maria, und es klingt wie das letzte Aufglimmen einer Hoffnung.

Dann, so sagt es der Text, wendet sie sich das erste Mal um – also vom Eingang des Grabes weg – und sieht den Gärtner, der sie fragt, wen sie suche.

Sie erkennt ihn nicht, bis der Gärtner, Jesus, sie mit ihrem Namen anspricht.

Maria. Beim Namen gerufen. Zuinnerst gemeint und angesprochen.

Die eigene Identität ist nicht mehr nur gedachte Möglichkeit, sie ist auch nicht mehr als »Persona«, also wie eine Maske auf mein Wesen gelegt, sondern sie wird neu beim Namen gerufen und im Wort des Einen Gottes neu geboren. »Fürchte dich nicht, denn ich erlöse dich, rufe dich beim Namen, mein bist du!«, lässt Gott seinen Propheten Jesaja rufen (Jes 43, 1).

Und Maria, die so Gerufene und ins Leben Gelockte, wendet sich noch einmal um.

Das ist überraschend. Mit der ersten Umwendung hat sie sich vom Grab weg und dem Gärtner zugewandt. Wenn sie sich nun noch einmal umwendet, würde sie dem Gärtner wieder den Rücken zudrehen.

Dann würde sie ja wieder mit dem Gesicht zum Grab stehen und den vermeintlichen Gärtner nicht mehr ansehen. Wie sollte sie dann Jesus erkennen?

In der Tat steht im Originaltext an beiden Stellen dasselbe Wort – aber es kann sowohl mit *umdrehen* als auch mit *umwandeln* übersetzt werden.

Maria dreht sich um, vom Grab weg – und sieht einen Gärtner. Er, der noch Unerkannte, lockt sie mit Seinen Fragen einen weiteren kleinen Schritt heraus aus der einsamen Verzweiflung. Als Jesus sie dann aber mit ihrem wirklichen Namen anspricht, geschieht Umwandlung – wirkliche Wandlung. Das ist nicht mehr nur ein Wechsel der Blickrichtung – Maria wird in der Kraft Seines Rufes in die alles erneuernde Kraft der Auferstehung hineingezogen, wird hineingeformt in eine neue Weite des Erkennens. Sie ist in Seinem Wort, Seinem zärtlichen Anruf mit Ihm, dem geliebten Meister, nun in einer ganz anderen Dimension des Lebens verbunden.

So wird Maria zur ersten Apostelin und verkündet den anderen Jüngern, dass er lebt und sie mit ihm.

Genau das ist die wesentliche Ostererfahrung: Sich beim Namen gerufen, gemeint zu wissen, lockt in die Beziehung, verwandelt einen Menschen von Grund auf und stellt ihn auf einen neuen, inneren und manchmal auch äußeren Weg.

Und so stelle ich mir vor, dass der Auferstandene vor mir steht und mich ganz leise und mit seltsamer Vollmacht bei meinem Namen ruft. Ich wage es, mich wirklich gemeint zu fühlen – und lasse mich wandeln, hineinverwandeln in Sein Leben. Und von dort her, von diesem neuen Leben in Seinem Leben her, bekomme ich Name, Gestalt und Sendung und höre, auf welchen Weg ich in Seinem Namen gerufen bin. Ich werde zur Gesandten, zum Gesandten des Lebendigen, mir zur Freude und den Menschen um mich zum Segen.

Übung

Ostern ist das Fest des Lebens, das Geschenk Gottes für uns. Ein Fest ist vor allem zu feiern! Wenn ich langsam und plötzlich das Leben und die Gewissheit der Liebe Gottes in meinem Herzen spüre, dann ist das allemal Grund, ein Fest zu feiern – allein, zu zweit, mit vielen – je nachdem.

Die Übung der vierten Woche besteht aus mehreren Schritten, die sich zum Teil auch parallel vollziehen.

Die erste und wichtigste Übung heißt:

Ich feiere ein Fest! Das Fest der Auferstehung Gottes in meinem Leben. Dazu finde ich zunächst heraus, was ich wirklich gern tun möchte. Ich schenke mir (mindestens) einen halben, besser einen ganzen Tag für dieses Fest und nehme mein Fest so ernst, dass ich mir erlaube, andere dafür auch einmal in Dienst zu nehmen:

Ich bitte sie, mich bei der Arbeit zu vertreten, ich überlege, ob ich die Kinder bei mir haben möchte oder ob ich mir wirklich einmal ein paar Stunden allein oder mit dem Partner, der Partnerin wünsche. Ich organisiere nur für mich oder in Gesellschaft mit Menschen, die mir wirklich guttun, einen Ausflug mit Picknick oder in einem schönen Restaurant oder lege mich stundenlang auf meinen Teppich und höre meine Lieblingsmusik. Ich schenke mir etwas, das ich nicht brauche, woran ich aber Freude habe und das mir ein Zeichen sein soll für die verschwenderische Liebe Gottes. Die Möglichkeiten sind schier unbegrenzt, und alle sind gut, wenn es denn meine eigene gewünschte Form für ein Osterfest in meinem Leben ist.

Dieser Tag soll mir als kostbare Zeit in Erinnerung bleiben, auch wenn der Alltag sich vermutlich nicht sofort vollständig verändern wird. Das ist auch nicht nötig, denn unser Gott ist ja mitten in unserer Alltäglichkeit Mensch geworden, damit wir mit ihm in dieser Welt unterwegs sind.

Die zweite Übung ist zwar weniger spektakulär, aber sie ist wesentlich. Sie heißt in den Worten eines alten Meisters ganz einfach: »Bleib in deiner Übung.«

Geben Sie die gute Gewohnheit der täglichen Meditation nicht auf. Bleiben Sie in der gewohnten Weise in der Lektüre des Evangeliums, und lauschen Sie mit allen Sinnen, auf welchen Weg der Auferstandene Sie ruft und einlädt. »Geh hin und sage meinen Brüdern …«, sagt er zu Maria.

Was sagt er zu mir? Wohin soll und will ich gehen, was soll und will ich in Seiner Liebe tun oder lassen?

Lassen Sie sich für dieses Hören viel Zeit. Wenn es wirklich Sein »Wort« ist, werden Sie es unterscheiden können von den vielen anderen Ideen und Wörtern, die Ihnen durch Kopf und Herz gehen. Entscheidend ist die Liebe.

Und die dritte Übung: Sie führt schon hinüber in die Zeit nach dem Exerzitienweg. Maria spricht Jesus erkennend an: »Rabbuni.« Er weiß, wer er ist, und er weiß, wer er für sie ist: *Mein Meister* heißt es wörtlich übersetzt. Sie erkennt ihn und setzt sich zu ihm in eine ganz persönliche Beziehung. Und auch wenn sie ihn damit nicht festhalten kann (»Rühre mich nicht an …«), so ist das doch der Moment, in dem er sie auf einer neuen Beziehungsebene annimmt und sie mit einer neuen Sendung betraut.

Welches ist mein Beziehungswort, mit dem ich den Auferstandenen jetzt anspreche? Welches Wort, welcher kurze Vers hüllt mich ein und öffnet mir den Zugang in Seine Freiheit? Ist es sein Name Jesus Christus, ist es ein Titel oder eine kurze Verheißung?

In der Meditation lasse ich mir Zeit, dieses Wort langsam in mir klingen zu lassen. Auch hier ist keine

Eile nötig. Wenn es sich zu hören gibt, werde ich es erkennen. Dann aber bewahre ich es und nehme es als mein »Herzenswort« mit mir. In der täglichen Meditation lege ich dieses Wort auf meinen Atem, spreche es unhörbar im Rhythmus meines Ein- und Ausatmens. Oft werde ich abschweifen, meine Gedanken und Gefühle gehen auch nach »Ostern« noch ihre eigenen Wege, aber irgendwann wird mir dieses Atemwort so vertraut sein, dass es in mir klingt, ohne dass ich bewusst etwas dafür tue. Dieses »Herzensgebet«, das aus der Tradition der Ostkirche zu uns gekommen ist, kann mein Alltagsbewusstsein und selbst mein Unterbewusstsein mehr und mehr durchfließen wie ein stetiger Fluss, wie ein goldenes Band, das mich in der Gegenwart Gottes hält, was immer ich auch tue. Er ist uns ohnehin nahe – aber es belebt sehr, sich dessen immer wieder einmal von ganzem Herzen, allen Sinnen und ganzem Vermögen bewusst zu werden.

Dieser Vergewisserung dient die vierte Woche und alle weiteren Wochen unseres Lebens.

Beobachtungen

Ich bin mir nicht sicher, ob das, was ich in der Meditation erlebe, wirklich schon diese Ostererfahrung ist. Kann es nicht sein, dass ich mir nur einbilde, geliebt und akzeptiert zu werden?

Ja, das kann sein. Der menschliche Geist und erst recht die menschliche Psyche sind äußerst kreativ in der Entwicklung von Einbildungen, und längst nicht alle sind deshalb schädlich.

Ein wichtiges Unterscheidungskriterium für die Quelle einer geistlichen Erfahrung ist, ob damit auf der Gefühlsebene ein tiefer Friede verbunden ist. Nicht Glück, nicht Jauchzen, auch kein besonders dramatisches Unglücklichsein oder ein angenehmes Wohlbefinden ist ausschlaggebend. Alles das kann sein, ist aber letztlich nicht wichtig. Wichtig ist dieser »Friede, den die Welt nicht geben kann« und der mich gewiss sein lässt, dass es jetzt, so wie es ist, einfach stimmt und passt: zu Gott, zu mir, zu den anderen.

Um über diesen Grundklang des Friedens Gewissheit zu bekommen, ist es oft nötig, Zeit vergehen zu lassen. Kurze, aufwallende psychische und auch spirituelle Ereignisse, die eher aus der Quelle der eigenen Seele kommen, vergehen meist recht schnell wieder, so »erleuchtet« sie sich auch anfühlen mögen. Was von Gott kommt, bleibt. Deshalb dauern die meisten geistlichen Wege so lang – sie rechnen mit der Unterscheidung der Geister durch die Zeit.

Das Gespräch mit der Begleiterin oder dem Begleiter wird helfen, Klarheit zu finden. Besonders wenn es um ganz konkrete Entscheidungsfragen geht, ist es wichtig, sich im Gespräch anzuschauen und sich auch die Fragen stellen zu lassen, die man sich selbst eher nicht stellt.

Ich habe Angst, nach dem Exerzitienweg ganz schnell wieder in meinen alten Trott zu verfallen, alles zu vergessen, was ich jetzt als hilfreich erlebt habe.

Diese Sorge ist nicht unberechtigt – zur Angst sollte sie allerdings nicht werden. »Angst« macht eng, und Enge erstickt das Leben. Aber es ist sicher sehr sinnvoll, schon in der letzten Woche, wenn die Exerzitien noch nicht beendet sind, für das »Danach« zu sorgen.

Vielleicht gibt es eine Gruppe von Menschen in der Nähe, die auf einem geistlichen Weg sind. In vielen kleineren und größeren Städten gibt es inzwischen Meditationsgruppen oder Menschen, die andere geistliche Übungen praktizieren. Oft findet man sie auch im Wirkungskreis von Kirchengemeinden, manchmal auch ganz losgelöst davon. Die Suche nach der Begleiterin oder dem Begleiter bleibt hier entscheidend – denn auch wenn es keine Gruppe in der Nähe gibt, ist es auf diese Weise möglich, im Gespräch zu bleiben und den weiteren Weg miteinander zu gehen.

Schon jetzt ist es möglich, im Kalender den Zeitraum für die nächsten Exerzitien oder eine andere Form von Einkehrzeit festzulegen. Es gibt eine große Zahl von Klöstern, kirchlichen und nichtkirchlichen Bildungshäusern und spirituellen Zentren, die solche begleiteten Kurse oder begleitete Einzelexerzitien anbieten. Dort finden sich dann in jedem Fall auch andere Menschen, die auf einem ähnlichen Weg sind.

Was ist, wenn ich mir morgen oder nächste Woche all diese guten und hilfreichen Erfahrungen nicht mehr glaube? Was, wenn ich schon morgen eben nicht mehr glaube, dass Gott mich liebt und ich wirklich als geliebte Gottestochter, als geliebter Gottessohn in Freiheit und Würde leben darf?

Auch wenn Sie schon morgen wieder der Zweifel an der Wahrheit Ihrer eigenen Erfahrungen befällt, ist das letztlich unwichtig – weil es nicht um Sie, sondern um Gott geht. Und Gott vergisst Seine Liebe nicht. Glaube, Gefühl, Befinden sind sehr sprunghaft, nicht sehr verlässlich. Wenn ich das weiß, kann ich mich sogar zu einer gewissen Disziplin aufraffen, eben zu der Disziplin, die wir jetzt lange Zeit geübt haben: Ich nehme meine wechselhaften und umherschweifenden Gefühle und Gedanken wahr, aber ich messe ihnen keine große Bedeutung bei – sondern entschließe mich, in dieser existenziell wichtigen Frage Gott ernster zu nehmen als mich. Und dass Er mich liebt und begleitet und befreit, hat Er gezeigt.

Mir hat Gott nichts gezeigt. Ich habe zwar die Übungen so gut es ging mitgemacht, fand manches auch sehr spannend, aber dass sich etwas wirklich geändert hätte an meinem Leben, kann ich nicht sagen.

Gott bleibt bei allen unseren Übungen, Exerzitien, Aufbrüchen und Suchbewegungen immer der Unverfügbare – Gott sei Dank. In der Tat kann es sein, dass gar nichts geschieht auf dem langen Weg, außer vielleicht intellektuelle Anregung – was ja auch nicht schädlich ist.

Warum es manchmal auf solch einem Weg trotz innerer Bereitschaft eher still und bewegungsarm bleibt, kann unterschiedliche Gründe haben. Vielleicht war einfach die Zeit nicht reif dafür. Vielleicht war die Frage, mit der Sie in die Exerzitien gegangen sind, nicht die Frage, die jetzt wirklich relevant ist. Möglichweise zeigt sich bald eine ganz andere Frage, die unter der ursprünglich gestellten verborgen war und nun – auch durch diesen Weg der Aufmerksamkeit – doch langsam in den Blick kommt.

Es kann auch sein, dass Zeit und Anliegen ganz richtig waren, aber doch eine innere Bereitschaft gefehlt hat, sich wirklich einzulassen. Das muss kein Hinweis auf unkorrektes Verhalten oder fehlerhaftes Üben sein, sondern kann auch einfach eine Art Selbstschutz der Seele sein. Nicht immer sind wir schon bereit für einen nächsten Schritt – das ist eine wichtige Erkenntnis. Tröstlich dabei ist, dass Gott alle Zeit der Welt hat – und wenn die angenommene Bewegung wirklich wichtig für Sie ist, wird der nächste Anlass dafür bestimmt kommen.

Denn: Nach den Exerzitien ist vor den Exerzitien …

GEBETE UND BEGLEITENDE RITUALE

Gebete am Anfang der Meditationszeit

Jede Meditationszeit sollte einen etwa gleichbleibenden Rahmen haben, damit die eigene Seele etwas Vertrautes findet, in dessen Schutz innere Bewegungen und wechselnde Impulse möglich sind.

Dieser Rahmen kann aus kleinen Handlungen bestehen, die durch Wiederholung und Einübung den Charakter von Ritualen annehmen, und aus kurzen Gebeten, in denen der eigene Geist und die Seele auf die beginnende Gebetszeit eingestimmt und ausgerichtet werden auf die Gegenwart des lebendigen Gottes in Seinem Wort und in allem, was uns umgibt.

Es ist in jedem Fall sinnvoll, sich selbst ganz zu Beginn des Exerzitienweges ein eigenes Gebet zu formulieren. Ein Gebet, das Ihnen hilft, sich aus der Zerstreuung zu sammeln, sich niederzulassen an diesem Ort, und das Sie in diesem Augenblick jetzt hält und in Berührung bringt mit Ihren eigentlichen Anliegen – besser noch: mit Ihrer eigenen Herzenssehnsucht. Um dieses Gebet zu finden und zu formulieren, ist es gut, sich Zeit zu lassen, tatsächlich erst einmal still zu werden und dann das eigene Herz auszuloten, was es sich eigentlich und im Tiefsten wünscht. Dies zu erkennen ist vielleicht überhaupt der eigentliche Inhalt des ganzen Weges, aber eine Richtung, eine Hinwendung des Blickes zu dem, von dem ich mir Klärung und Erfüllung erhoffe, ist schon am Beginn des Weges möglich.

Es muss gar nicht lang sein, manchmal sind es nur wenige schlichte Worte, ein Psalmvers, eine Liedstrophe – wichtig ist, dass es in mir klingt.

Wenn ich mein Gebet gefunden habe, dann lerne ich es auswendig, besser: inwendig – by heart, wie es im Englischen heißt, oder al cuore im Italienischen – mit dem und im Herzen.

Zu Beginn der Gebetszeit finde ich mich also ein auf meinem Platz, ziehe möglichst die Schuhe aus als Zeichen, dass Ort und Zeit ausgesondert sind aus der normalen Alltagstätigkeit (siehe 2. Mose 3, 4 und 5), und zünde eine Kerze an, um mir damit die Gegenwart Gottes an diesem Ort bewusst zu machen (Jesus Christus spricht: *Ich bin als ein Licht in die Welt gekommen, damit jeder, der an mich glaubt, nicht in der Finsternis bleibe.* Johannes 12, 46).

Weiteres dazu finden Sie auf Seite 82 (Übungen in der ersten Woche).

Im Folgenden sind einige Beispiele für vorbereitende Gebete genannt, die einen Klang, eine Richtung vorgeben möchten, nicht mehr – vielleicht als kleine Inspirationshilfe für die eigenen Worte.

Solche Gebete könnten etwa so klingen:

Heiliger, liebender Gott,
als Geschöpf Deiner Liebe bin ich vor Dir,
erfüllt mit Deinem lebenschaffenden Atem,
erhalten Tag für Tag in Deiner Barmherzigkeit.
Wirke in mir die Wunder Deiner Liebe
und erleuchte die Dunkelheit der Welt
mit Deinem lebendigen Licht.
Du, Menschgeborener,
lass mich leben im Licht Deines Angesichts.

Lass mich wach sein, mein Gott, und bereit,
Dir zu begegnen.
Lass mich stark sein, mein Gott,
in den Forderungen des Tages.
Lass mich getröstet sein, mein Gott,
und in Dir geborgen, wenn ich falle.
Lass mich offen sein, mein Gott, und bereit,
die Menschen zu lieben.

Dich, Barmherziger, rufe ich,
nach Dir sehnt sich meine Seele.
Sei mir nahe
auf dieser Erde schon.
Wohne Du in mir,
dass von mir ausgehe
Friede und Güte,
Klarheit und Kraft.
Du Ewiger,
erfülle mich mit Deiner Liebe.

Behutsam berührst du mich, Gott.
Wie das Licht des neuen Morgens.
Du erschaffst mich jeden Tag neu.
Dank sei Dir dafür.
Zieh mich zu Dir,
lass mich wandeln
in Deinem Licht.
Dank sei dir, dass Du mir meine Seele
neu geschaffen, wieder geschenkt hast,
Dank sei dir für die Fülle des Lichtes und
der Farben dieses Tages in Deinem Frieden.
Lehre mich, leite mich,
erfülle Deine Verheißung an mir,
mein Gott und mein König,
und an Deiner ganzen Welt.

Gott,
ich finde mich ein vor Deinem Angesicht,
komme zur Ruhe in Dir,
halte mich aus und halte mich Dir hin.
Erfülle Du mich mit Deinem Erbarmen
und mit dem Licht Deiner Gegenwart,
dass ich es wage, in Deiner Liebe zu wandeln,
und verwandle mich zu Dir.

Du in mir
ich in Dir
wir sind eins

Meister Eckhart

Mein Herr und mein Gott,
nimm alles von mir,
was mich hindert zu Dir.
Gib alles, was mich fördert zu Dir.
Nimm mich ganz mir
und gib mich ganz zu eigen Dir.

NICOLAUS VON DER FLÜE

Herr, komm in mir wohnen,
lass mein Geist auf Erden,
Dir ein Heiligtum noch werden.
Komm, Du nahes Wesen,
Dich in mir verkläre,
dass ich Dich stets lieb und ehre.
Wo ich geh, sitz und steh,
lass mich Dich erblicken,
und vor Dir mich bücken.

GERHARD TERSTEEGEN

(Das Wort »bücken« am Ende der letzten Zeile mag uns heute etwas fremd anmuten und nicht mit dem Wunsch nach Weite und offener Hingabe zusammenpassen. Abgesehen davon, dass es um des Reimes willen gebraucht wurde, meint es einfach eine Haltung der Verneigung und der Hingabe.)

Gebete am Ende der Meditationszeit

Am Ende der Meditationszeit ist es sinnvoll, sich in die Worte Jesu Christi einzubergen, die er uns als das zentrale Gebet hinterlassen hat – das Vaterunser.

Darüber hinaus ist es gut, den eigenen Dank für die zurückliegende Zeit zu formulieren, ganz unabhängig davon, was in dieser Zeit geschehen ist – sei es Schweres oder Schönes, nur Leere oder Verwirrung oder eine leichte, heitere Freude in der Gegenwart Gottes. Es war in jedem Fall Zeit vor und mit Ihm, die ich nun dankbar beende.

Auch hier können kleine Beispiele eine Richtung zeigen:

Lobe den Herrn, meine Seele,
und was in mir ist, seinen heiligen Namen.
Lobe den Herrn, meine Seele, und vergiss nicht,
was er dir Gutes getan hat.

Ps 103,1 und 2

Gott, ich danke Dir für Deinen Schutz
und Deinen Segen in der zurückliegenden Zeit.
Geleite mich auch weiterhin in Deinem Erbarmen,
der Du lebst und liebst in Ewigkeit.

Danke Gott, für die Zeit,
die ich bei Dir verbringen durfte.
Bewahre Du, was mir verborgen blieb,
und segne, was ich gehört, geschaut,
geschmeckt habe.
Gepriesen bist Du in Ewigkeit.

Gebet der liebenden Aufmerksamkeit

Ignatius von Loyola legt großen Wert darauf, den Tag mit einem Tagesrückblick zu beschließen. Er selbst hat es »Gewissenserforschung« genannt, heute ist es eher unter dem Namen »Gebet der liebenden Aufmerksamkeit« bekannt. Dieses Gebet bildet den eigentlichen Inhalt der abendlichen Meditationszeit und möchte die Exerzitantinnen und Exerzitanten ermutigen und anleiten, den Tag in seinen vielfältigen Bewegungen und Eindrücken noch einmal wahrzunehmen – und zwar in einer Haltung, die nicht bewertet, schon gar nicht verurteilt, sondern in dem Gewebe des Tages nach dem »Goldfaden« der Gegenwart Gottes und seines Handelns sucht.

Wo gab es eine Begegnung, ein Wort, eine innere Regung, die sich mir zu erinnern gibt? Zu erinnern im Sinne einer Ansprache, eines Hinweises oder einer Botschaft, die mir über mich selbst auf dem Weg und vor Seinem Angesicht Auskunft gibt?

Was darf oder muss ich beachten und bewahren als Zeichen auf dem Weg? Zeigt sich mir an einer Stelle ein Zugang zu dem, worum es letztlich immer geht, nämlich zu dem »magis«, dem »mehr« an Liebe, die letztlich für alle Richtungsentscheide wegweisend ist?

Ignatius ermutigt sehr dazu, diesen liebevollen Tagesrückblick wirklich so konsequent wir möglich durchzuführen. Er bildet auf dem Weg der Exerzitien ein ganz wesentliches Instrument.

Und so vertraue ich mich nach meinen eigenen vorbereitenden Bewegungen und meinem eigenen hinführenden Gebet diesen Worten der Tradition an.

Gebet der liebenden Aufmerksamkeit

Ich nehme meinen Platz ein.
Ich setze einen bewussten Anfang.
Ich nehme wahr, wie ich da bin.
Ich spüre meinen Atem,
wie er ein und aus geht, durch mich hindurch …
Ich sammle mich aus aller Zerstreutheit.
Jetzt bin ich da, ganz da.
Ich bitte Gott um sein Licht,
damit ich in seinem Licht
den vergangenen Tag anschaue …
Dass ich ihn anschaue mit Gottes liebevollem Blick.
Ich gehe den vergangenen Tag durch,
ohne zu werten.
Liebevoll, ohne über mich selbst
und andere zu urteilen,
lasse ich alles noch mal an mir vorüberziehen.
Ich lasse auch die Gefühle kommen:
Wie ging es mir da oder dort?
Wie hat mein Tag angefangen?
Wie ist er weitergegangen:
der Vormittag – die Mittagszeit – der Nachmittag?
Was war, bevor ich mich hierhergesetzt habe?
Was war schön an diesem Tag,
was hat mir gut getan,
wo habe ich Ermutigung, Trost, Glück … gespürt,
wofür bin ich dankbar?
(Ich suche so lange, bis ich etwas finde.)
Was war nicht gut, wo habe ich Angst,
Misstrauen, Ärger gespürt?

Wo fühle ich Schmerz?
Ich lasse alles zu,
ich halte alles aus –
ich kann es aber auch loslassen.
Ich lege diesen Tag und alles, was war,
vor Gott ab – und bitte ihn um seinen Segen.

BEGEGNUNG
MIT DER WIRKLICHKEIT

Begegnung mit Dir – mit dir selbst und mit Gott – das ist immer auch Begegnung mit der Wirklichkeit.

Aber: Wie viele Wirklichkeiten gibt es? Und welcher davon begegnen wir, können wir begegnen?

Und wem begegne ich, wenn ich »der Wirklichkeit« begegne?

Wirklichkeit ist ein abstrakter Begriff, der ebenso unterschiedlich je nach Mensch und Zeit gefüllt wird wie andere abstrakte Begriffe, etwa »Liebe« oder »Hoffnung«, »Angst« oder »Zuversicht«.

Es nützt also kaum etwas, mit allgemeinen Wörtern oder Theorien nach dieser Wirklichkeit zu suchen und sich dabei in Allgemeinplätzen zu verlieren. Spätestens wenn ich mich ernsthaft auf den Weg der Erfahrung einlasse, werde ich spüren, dass ich es nicht mit abstrakten Begriffen, sondern mit einer lebendigen, anwesenden und handelnden Kraft zu tun habe, einer Kraft, die in der Erfahrung der biblischen Tradition als Person erfahren wird. Diese Person, dieses lebendige und beziehungsuchende und beziehungstiftende Wesen nennen wir Gott.

Aus der Begegnung mit dieser kraftvollen Person entsteht Beziehung, so oder so – eine Beziehung, die nicht nur mein Verhältnis zu dieser Person verändern kann, sondern das Verhältnis zu mir selbst und zu der Welt, in der ich lebe, verändern wird.

Dieses Verhältnis wird in der und durch die Gottesbegegnung einfacher, direkter, unverstellter – und insofern wirklicher, als ich mehr und mehr meiner falschen Selbst-, Fremd- und Gottesbilder entkleidet und in einen freien und aufrichtenden Raum geführt werde.

Raum? Ist es wirklich ein Raum? Ein Raum hat Grenzen, bestenfalls Fenster und Türen.

Vielleicht passt der Begriff »Feld« besser: Wir werden hinausgeführt aus Enge und Begrenztheit hin auf ein weites Feld – umgeben vom Himmel darüber und der demütigen Erde unter den Füßen. Und dem Atem aus der Weite Gottes, der uns öffnet und erfüllt mit Seinem Leben. Wirklich und wirksam.

Ein letzter biblischer Text soll uns also hinaus aus der Enge und schließlich auch aus diesem Exerzitienweg und auf dieses weite Feld begleiten, und weil es gar nicht anders sein kann, ist dieser Text noch einmal eine Ostergeschichte:

Darauf zeigte sich Jesus abermals den Jüngern am See von Tiberias; er zeigte sich in folgender Weise: Simon Petrus und Thomas, genannt Didymus, und Nathanael von Kana in Galiläa und die Söhne des Zebedäus und zwei andere von seinen Jüngern waren beisammen. Simon Petrus sagte zu ihnen: »Ich gehe fischen.« Sie sagten zu ihm: »Auch wir gehen mit dir.« Sie gingen also hinaus und stiegen in das Schiff; doch in dieser Nacht fingen sie nichts. Als es schon Morgen wurde, stand

Jesus am Ufer; die Jünger erkannten jedoch nicht, dass es Jesus war. Jesus sprach zu ihnen: »Kinder, habt ihr nichts zu essen?« Sie antworteten ihm: »Nein.« Er sprach zu ihnen: »Werft das Netz auf der rechten Seite des Schiffes aus, und ihr werdet finden.« Sie warfen es aus und vermochten es nicht mehr einzuziehen wegen der Menge der Fische. Da sagte jener Jünger, den Jesus liebte, zu Petrus: »Es ist der Herr!« Als Simon Petrus hörte, dass es der Herr sei, legte er sich das Überhemd um – er war nämlich ohne Kleid – und warf sich in den See. Die anderen Jünger kamen im Schiff; denn sie waren nicht weiter als etwa dreihundert Ellen vom Lande weg und schleppten das Netz mit den Fischen nach. Da sie nun ans Land stiegen, sahen sie ein Kohlenfeuer angelegt und einen Fisch darauf liegen und Brot. Jesus sprach zu ihnen: »Bringt von den Fischen, die ihr eben gefangen habt!« Simon Petrus stieg hinein und zog das Netz, das mit hundertdreiundfünfzig großen Fischen angefüllt war, ans Land; und obwohl es so viele waren, zerriss das Netz nicht. Jesus sprach zu ihnen: »Kommt und haltet Mahlzeit!« Keiner von den Jüngern wagte ihn zu fragen: »Wer bist du?« Wussten sie doch, dass es der Herr war. Da ging Jesus hinzu, nahm das Brot und gab es ihnen und ebenso auch den Fisch. Dies war schon das dritte Mal, dass sich Jesus seinen Jüngern zeigte, nachdem er von den Toten auferweckt war. (Johannes 21,1–14)

Die Jünger sind also wieder zu Hause. Nach den aufregenden Erfahrungen der letzten Wochen, in denen sie mit Jesus unterwegs waren, Seinen Tod ertragen und Seine Auferstehung glauben mussten, sind sie wieder am Ort ihres Ursprungs – in Galiläa, am See Genezareth, dort, wo alles begann.

Johannes beschreibt den Rückweg der Jünger von Jerusalem nach Galiläa nicht. Scheinbar endgültig schließt das vorangehende Kapitel 20 das ganze Evangelium in Jerusalem ab.

Die beiden letzten Kapitel 20 und 21 sind unverbunden – und vielleicht sind es die verschiedenen Lebenswelten der Jünger auch.

Wie oft sagen wir selbst, dass es schwer sei, religiöse Gipfelerfahrungen in den Alltag hinüberzuretten. Wer weiß, wie lange die Erfahrungen dieses Exerzitienweges noch präsent sind, wie schnell der gute Vorsatz, in der Übung zu bleiben, vom scheinbar lückenlos dichten und geschlossenen Alltag verdrängt wird.

Genauso geht es offenbar den Jüngern: Sie sind Ihm, dem Menschensohn ganz leibhaftig begegnet, vor Seinem Tod waren sie bei Ihm, nach Seiner Auferstehung tritt Er zu ihnen und sprengt all ihre bisher gültigen Erfahrungen.

Und doch: Offenbar ohne sichtbare Veränderung kommen sie wieder nach Hause, werden keineswegs, wie Er verheißen hat, Menschenfischer, sondern einfach nur Fischer – und sogar wieder erfolglose Fischer. Es ist alles, wie es war. Und noch mehr: Es ist wieder Nacht.

Der Evangelist schreibt: In dieser Nacht fingen sie nichts.

Wenn Johannes von der Nacht spricht, meint er nicht nur eine Zeitangabe.

Er beschreibt hier die Situation der Jünger: Ihre psychische und geistliche Realität steht offenbar in krassem Widerspruch zu der gerade noch erlebten Freude über die Auferstehung ihres Herrn.

So schnell geht das. Nur gut hundert Kilometer und wenige Tagesreisen sind sie vom Ort ihrer letzten Begegnung mit Ihm, dem Auferstandenen, entfernt – und schon hat die Nacht sie wieder, ist das Licht und das Leben erloschen, und sie fangen nichts.

Sie sind so sehr umnachtet, dass sie auch im anbrechenden Morgenlicht ihren geliebten Meister nicht erkennen, der ganz in der Nähe am Ufer steht. Auch Thomas erkennt ihn nicht, der die Finger in seine Wunden legen durfte und der doch das ganz sinnenhafte Gespür für seine Gegenwart haben müsste – auch er sieht nur eine fremde Gestalt am Ufer, wenn überhaupt.

Als hätten sich Zeit und Raum wie ein dichter Schleier vor ihr Bewusstsein und ihre Sinne gelegt.

Dieses »Nicht-erkennen-Können« ist zum Verzweifeln – und ist vertraut bis heute.

Ich würde ihnen und mir selbst so gern zurufen: Um des Himmels willen, was soll Er denn noch tun, um sie, um mich, um uns herauszuholen aus dem ewig Vorläufigen, aus diesem ständigen Zurückfallen in bewusstlosen Schlaf, der mehr ist als eine Erinnerungsschwäche?

Was reicht denn noch tiefer in die Ursprungstiefen unseres Lebens, als die physische Berührung mit seinem Auferstehungsleib, wie Thomas sie erlebt hat?

Meine Aufregung ist nicht Seine Aufregung.

Er fragt stattdessen ganz einfach: Kinder, habt ihr nichts zu essen?

Was für eine Frage!

Christus geht zurück an den Anfang, tatsächlich, Er geht ganz zurück an den Anfang unserer menschlichen Existenz. »Kinder, habt ihr nichts zu essen?« Die erste Sorge einer Mutter im Anblick ihres Kindes, eine ganz archaische, physisch-unbewusste Reaktion auf die Geburt des Kindes: Nahrung spenden, damit das Leben weitergeht. Der Leib der Mutter sorgt ganz von selbst und noch vor jeder rationalen Entscheidung dafür, dass das Kind zu essen bekommt.

Essen, das Erleben, ernährt zu werden, das bedeutet, dem oder der Nährenden ganz nah zu sein. Inniglich nah.

Auch der Gott Israels offenbart sich von Anfang an als ein Gott, der seinen Menschenkindern zu essen gibt.

So fragt der auferstandene Jesus die Jünger nach dem Urgrund des Lebens: »Habt ihr nichts zu essen?«

Und sie antworten: »Nein.«

So weit entfernt sind sie also. Sie sind noch nicht zurückgekehrt aus der Todesnacht von Golgatha, sie sind zurückgefallen in den Raum vor aller Schöpfung und Beziehung. Nichts haben sie, nichts sind sie.

Und Er, der schon Auferstandene, kehrt mit Seiner Frage noch einmal zurück in ihre Nacht, um sie zu suchen – denn der anbrechende Ostermorgen hat sie nicht erreicht, und sie haben nichts zu essen.

Er weiß, dass sie Ihn brauchen, wie neugeborene Kinder die Mutter brauchen, denn die Rückkehr aus dem Sog der Trägheit und des Schlafes gelingt nicht aus eigener Kraft. Den Jüngern nicht, uns nicht. Sie, wir, blieben stecken in diesem »Nein« auf die Frage, ob wir zu essen und zu leben haben.

Bevor das geschaute, für Momente erfahrene und geschenkte Leben wirklich in unserem Leben Gestalt werden kann und die Geschichte Gottes mit uns weitergehen kann, müssen die Jünger, müssen wir selbst tatsächlich aus der Nacht, aus der Ungewissheit neugeboren werden. Mit genau diesen Worten beschreibt Jesus im Gespräch mit dem Schriftgelehrten und Gottsucher Nikodemus zu Beginn des Johannesevangeliums das (vorläufige) Ziel eines geistlichen Weges:

> *»Wahrlich, wahrlich, ich sage dir: Wenn einer nicht geboren wird von oben, kann er das Reich Gottes nicht schauen.« Nikodemus sagt zu ihm: »Wie kann ein Mensch geboren werden, der alt ist? Kann er noch einmal in den Schoß seiner Mutter eingehen und geboren werden?« Jesus antwortete: »Wahrlich, wahrlich, ich sage dir: Wenn einer nicht geboren wird aus Wasser und Geist, kann er nicht eingehen in das Reich Gottes. Was geboren ist aus dem Fleisch, ist Fleisch, und was geboren ist aus dem Geist, ist Geist. Wundere dich nicht, dass ich dir sagte: Ihr müsst geboren werden von oben. Der Wind weht, wo er will; du hörst sein Brausen, weißt aber nicht, woher er kommt und wohin er geht. So ist es mit jedem, der geboren ist aus dem Geist.«*
> (Johannes 3,3–8)

Diese neue Geburt ist hier beschrieben. Sie geschieht so leise, so einfach wie ein Atemhauch.

Jesus sagt zu denen, die nichts zu essen haben, die Gefahr laufen, ihre neue Existenz als Erwachte zu vergessen: »Werft das Netz aus.«

Ganz einfach: Werft das Netz aus.

Tut das Alleralltäglichste, aber tut es auf der rechten Seite, der Seite Gottes – denn Er, der Auferstandene sitzt zur Rechten Gottes.

Wie oft haben sie das schon getan: die Netze auswerfen. Es ist eine Bewegung, so angeeignet, so verinnerlicht, so selbstverständlich, dass sie kaum mehr als eine eigenständige Bewegung registriert wird. Eine Bewegung, so sehr in Fleisch und Blut übergegangen, dass sie den Übertritt in das ganz einfache Dasein bei Gott, in die Gegenwart Gottes ermöglicht.

Bewege dich in einer einfachen Bewegung hinein in das Leben vor dem Tod, in das Ja, bevor du zu zweifeln beginnst.

Die hebräische Sprache bewahrt dieses reine, absichtslose Tun in einer grammatischen Verbform auf: Zu Abraham wird gesagt: »lech lecha« – gehe ein Gehen. Nicht: Geh absichtsvoll dahin, dorthin aber nicht. Sondern: Gehe ein absichtsloses Gehen. Hier: Werft ein Werfen. Werdet selbst ein Werfen und werft euch hinaus aus eurem Nein.

Werft euch mit dieser ganz alltäglichen, absichtslosen Bewegung zurück in den neuen Anfang. Im Anfang ist – eine Bewegung?

Werft die Netze aus.

Mit dieser Bewegung finden sie, was er verheißen hat: Den Schritt zurück in jenen Raum, in das weite Gottesfeld, da es noch kein »Entweder-oder« gibt. In jenes ursprüngliche Sein, wo es Leid, Geschrei oder Schmerz noch nicht und nicht mehr gibt und das Erste nicht vom Letzten unterschieden ist.

Dorthin, wo jede Bewegung in tiefster Ruhe geborgen und die Ruhe selbst ein Atemzug der Gottheit war.

Und sie finden einen großen Schwarm Fische und damit ein Dreifaches:

Sie bekommen zu essen, werden neugeborenes Geschöpf, steigen wieder hinauf aus der Nacht und dem ungeborenen Sein und werden Mensch. Gott, der Vater, ruft sie ins Leben.

Dann: Sie werden in ihrer eingeübten Identität bestätigt, die ihnen wiedergeschenkt wird – sie sind Fischer, und als solche fangen sie Fische. Gott der Sohn gibt ihnen Gestalt und Beziehung in der Welt der Unterscheidungen.

Und schließlich: Sie finden ihn wieder, den heiligen und ganz nahen Gott, und zwar mitten in ihrem ganz alltäglichen Tun. Keine besondere Praxis, keine zusätzliche Identität, auch kein mühevolles Festhalten an auswendig gelernten Dogmen. Sondern Gott der Geist erinnert sie an die spirituelle Dimension ihres alltäglichen Lebens im Licht des anbrechenden Morgens.

Dieses Dreifache ereignet sich nicht in einer besonderen, weihevollen Tat, nicht an einem geheiligten Ort – es geschieht in einem Augenblick, in *einer* Bewegung.

In diesem Augenblick erkennen sie Ihn. Es ist der Herr, sagt der, der ihn liebt.

Für diesen Jünger verändert sich nichts: Die Netze bleiben Netze, die Fische bleiben Fische – aber alles ist jetzt durchglüht und durchformt und durchlebt in Ihm. Es gibt keine Trennung mehr im Augenblick des Erkennens. Dieser eine, der liebt, bleibt – bleibt in diesem Augenblick des Erkennens, bleibt in der Gegenwart Gottes. Bald darauf wird Jesus von ebendiesem Jünger sagen: Ich will, dass er bleibt, bis ich komme.

Der andere aber, Petrus, der von Anfang an hineingeworfen war in alle widersprüchlichen Bewegungen des Lebens, er springt. Springt mit einem Sprung fort von sich selbst hinein in die Tiefe. Vollzieht leiblich nach, was geistlich im selben Augenblick geschieht: Er taucht ein, kehrt zurück in den Schoß der Fluten, lässt sich reinigen von Zweifel und Hoffnungslosigkeit.

Ein absichtsloser Sprung.

Er springt nur ein Springen, nur hinein und hinab. Das Hinauf und zu Ihm vollzieht sich schon im neuen Leben, das Warum und Wozu ist die zweite Frage. Das Bild der Taufe deutet das Ereignis später aus.

Quasimodogeniti. Ein Kind, das geboren wird, wird geboren und weiß nichts von einem Ziel. Das »Geborenwerden« geschieht einfach und ist doch notwendige Bedingung und Bedeutung für alles Weitere.

So erwartet Christus die Jünger wie neugeborene Kindlein mit der vertrauten Nahrung, mit der ersten Sorge der Mutter, des Vaters. Nahrung wie eine Nabelschnur, die auch nach der Geburt den physischen *und* den spirituellen Leib ernährt und weitet.

Und wie eine Bekräftigung klingt dann die Anweisung, den Fang ganz herauszuziehen – denn nun sollt ihr auch mit euren leiblichen Augen sehen, wie überreich das Geschenkte ist, und erkennen sollt ihr, dass das Netz, die neue Gemeinschaft mit diesem Gott nicht zerreißt, obwohl es zu viel ist für eure Fassungskraft.

Wie auch immer: Jesus lädt die Jünger zum Mahl. Sie haben es ja schon einmal erlebt, damals im Garten. Und doch wird es wiederholt, bis es ihr ganz alltägliches, erkennendes Bewusstsein prägt.

Bis sie es wirklich fassen mit ihrem Verstand und allen Sinnen, dass Er selbst in dieser Speise ist, sich verbindet kraft dieser Speise mit ihrem physischen, psychischen geistlichen Leben. Bis wir uns erinnern inmitten unserer alltäglichsten Handlungen, dass Er ganz leibhaftig gegenwärtig ist – genau dort, wo wir sind, inmitten der Wirklichkeit.

EPILOG

Dass Er durch Mauern
drang
und verriegelte Tür –,
unglaublich, legendär?

War wohl ein Armenhaus,
lehmig, porös
für Wunschträume.
Durch unseren Beton,
sachlich und kühl,
wär Er schon nicht gekommen.

Kam aber
unvermutet wie einst
durch mehr als Granit und Stein,
durch mein Verschlossensein.
Kam aber,
mit diesem Friedensgruß.

Manfred Haustein